Andreas Schlüter · Irene Margil
Schulterwurf

STECKBRIEF

Michael: Athlet

Alter:
12 Jahre

Nation:
USA

Geschwister:
keine

Hobby:
Krafttraining

Lieblingsfarbe:
gold

Sternzeichen:
Widder

Schwäche:
protzt manchmal mit seinen Muskeln

Stärke:
meistens schnell im Handeln

Motto:
„Köpfchen allein genügt nicht. Kraft gehört dazu!"

Lieblingsfächer:
gibt es nicht!

Berufswunsch:
Sport-Animateur, Fitnesstrainer

Geschwister:
Schwester Huo

Hobby:
Pflanzen, Bo

Lieblingsfarbe:
grün

Sternzeichen:
Löwe

Schwäche:
manchmal a

Stärke:
ruhig und

Motto:
„Es gibt

Lieblingsfä
Biologie

Berufswu
Richte

STECKBRIEF

Jabali: Läufer

Alter:
12 Jahre

Nation:
Südafrika

Geschwister:
Bruder Rasul, 6 Jahre

Hobby:
Eisherstellung

Lieblingsfarbe:
täglich wechselnd

Sternzeichen:
Waage

Schwäche:
ist manchmal lieber allein

Stärke:
ausdauernd, geduldig

Motto:
„Nicht weglaufen, sondern hinlaufen!"

Lieblingsfächer:
Mathematik

Berufswunsch:
Sportwissenschaftler

STECKBRIEF

Ilka: Schwimmerin

Alter:
12 Jahre

Nation: Australien, die Eltern kommen aus Deutschland

Geschwister:
keine

Hobby:
Zierfische, Salzwasseraquarium

Lieblingsfarbe:
türkisblau

Sternzeichen:
Skorpion

Schwäche:
hasst ihre Sommersprossen

Stärke:
unternehmungslustig, zuverlässig

Motto:
„Achte jedes Tierchen!"

Lieblingsfächer:
Physik, Chemie, Biologie

Berufswunsch:
Meeresbiologin oder Sportärztin

STECKBRIEF (Kämpferin)

...re

...Deutschland, ihre ...kommen aus Vietnam

...men

...sie eine Giftschlange

...en Weg."

...: Pflanzenkunde

STECKBRIEF

Lennart: Ballkünstler

Alter:
12 Jahre

Nation:
Deutschland

Geschwister:
keine

Hobby:
Jonglieren und Bällesammeln

Lieblingsfarbe:
Linhs Augenfarbe

Sternzeichen:
Schütze

Schwäche:
manchmal hektisch und nervös

Stärke:
lebendig, kommunikativ

Motto:
„Erst zielen, dann handeln."

Lieblingsfächer:
Englisch, Deutsch

Berufswunsch:
Dolmetscher

Andreas Schlüter, geboren 1958, ist einer der erfolgreichsten Kinder- und Jugendbuchautoren der letzten Jahre. Gleich sein erstes Buch ›Level 4 – Stadt der Kinder‹ wurde ein Bestseller. Neben den zahlreichen ›Level 4‹-Bänden sind auch seine ›Heiße Spur...‹-Abenteuer um Marion und das sprechende Chamäleon bei dtv junior im Taschenbuch lieferbar.
Zusätzliche Informationen über Andreas Schlüter und seine Bücher stehen unter www.aschlueter.de und www.fuenfasse.de zur Verfügung.

Irene Margil, geboren 1962, entdeckte im Alter von 9 Jahren zwei Leidenschaften: das Fotografieren und den Sport. Das Fotografieren machte sie zu ihrem Beruf, den sie bis heute in Hamburg ausübt. Basketball, Skifahren, später Wen-Do und Karate waren ihre bevorzugten Sportarten, bis sie mit 33 Jahren das Laufen entdeckte. Sie läuft Halbmarathon und Marathon. Daneben ist Irene Margil ausgebildete Lauftherapeutin und Nordic-Walking-Trainerin. ›Fünf Asse‹ ist ihr erstes gemeinsames Buchprojekt mit Andreas Schlüter bei dtv junior.

Andreas Schlüter · Irene Margil

Schulterwurf

Fünf Asse

Sport-Krimi

Mit einem Daumenkino
von Karoline Kehr

Deutscher Taschenbuch Verlag

Wir bedanken uns für die fachliche Beratung bei
Alexander Gall

Originalausgabe
In neuer Rechtschreibung
November 2008
© 2008 Deutscher Taschenbuch Verlag GmbH & Co. KG,
München
www.dtvjunior.de
Umschlagkonzept: Karoline Kehr
Umschlagbild: Karoline Kehr
Lektorat: Katja Korintenberg
Gesetzt aus der Lucida Sans 11/14,5˙
Gesamtherstellung: Druckerei C. H. Beck, Nördlingen
Gedruckt auf säurefreiem, chlorfrei gebleichtem Papier
Printed in Germany · ISBN 978-3-423-71320-7

Aufregende Neuigkeiten

Normalerweise beruhigte es Linh sehr, ihre Pflanzen anzuschauen, zu beschneiden und zu gießen. Heute nicht. Linh war so aufgeregt wie schon lange nicht mehr. Nicht einmal ihr neues Bonsai-Bäumchen brachte sie auf andere Gedanken. Sie stellte es zurück auf die Fensterbank. Obwohl es so klein war, fand es dort kaum Platz. Linhs Zimmer glich einem überfüllten Gewächshaus. Ein Topf mit Grünpflanzen reihte sich an den anderen. Aus diesem Grund bekam Linh seit geraumer Zeit auch nur noch Miniatur-Pflanzen in kleinen Schalen geschenkt: Bonsais, die kaum wuchsen. Sobald sich trotzdem kleine, zarte Triebe bildeten, wurden sie mit Spezialwerkzeugen entfernt. Es gab in diesem Gewächshaus-Zimmer eigentlich nur eine einzige pflanzenfreie Stelle: dort, wo an der Wand zwischen all dem Grün das Porträt eines alten Mannes hing. Es war eine Schwarz-Weiß-Fotografie als gerahmtes Poster. Darunter stand: Yamada Yuuto.

Linh drehte den Bonsai auf der Fensterbank optimal ins Licht, blickte hinaus und sah Michael. Was will der denn hier?, fragte sie sich. Im gleichen Moment fiel es ihr siedend heiß ein. Die Mathe-Übungen! Sie hatte den anderen versprochen, den Stoff der letzten Woche noch mal Schritt für Schritt zu erklären. Das hatte sie total vergessen!

Hinter Michael gingen Ilka und Lennart. Und von hinten kam Jabali, wie immer im Laufschritt. In beiden Händen trug er etwas, das Linh erst auf den zweiten Blick als Eis erkannte. Jabali leckte links und rechts und links und rechts, im Rhythmus seiner Laufschritte. Das machte er so leicht, als sei es eine eigene Disziplin: Eisleckenlaufen.

Wie so oft mussten Lennart und Michael mal wieder ihre Kräfte messen und sausten plötzlich los. Obwohl der Athlet Michael gegen den Sprinter Lennart nicht die geringste Chance besaß, einen Wettlauf zu gewinnen, ließ er sich immer wieder darauf ein.

Ilka blieb stehen, wartete auf Jabali und nahm ihm ein Eis ab. Kaum hatte sie das erste Mal daran geschleckt, klingelte es schon an Linhs Tür. Lennart und Michael waren angekommen. In dieser Reihenfolge.

»Das nächste Mal gewinne ich«, hörte Linh Michaels Stimme schon im Treppenhaus.

»Ja«, lachte Lennart. »Aber nur, wenn ich beide Beine in Gips habe.«

Linh öffnete die Tür. Vor ihr stand Michael. Konditionell war er besser als Lennart. Also hatte er sich die Revanche beim Treppensteigen geholt.

»Hallo, Superhirn!«, begrüßte er Linh. »Nett, dass du uns mal wieder aus der Klemme hilfst.«

Michael war nicht nur in Mathe schwach. Er hatte in einigen Schulfächern Schwierigkeiten und saß irgendwie ständig in der Klemme. Er stand auf der Schwelle und stützte sich mit beiden Händen am Türrahmen ab. In dieser angespannten Haltung waren seine Armmuskeln, auf die er so stolz war, deutlich zu sehen. Am liebsten trug er deshalb auch ärmellose Shirts. Ebenso gern machte der schmächtige, aber flinke und wendige Lennart sich darüber lustig. Er tauchte unter Michaels Arm durch und lästerte: »Heute mal wieder Muskeltraining fürs Gehirn? Wird auch Zeit!«

»Noch so 'n Spruch – Kieferbruch!«, konterte Michael. »Als ob du Mathenachhilfe nicht nötig hättest.« Unter seinem anderen Arm tauchte Ilkas roter Haarschopf auf. Tausende kleine rote Löckchen,

dicht an dicht gedrängt. Sie glitt wie ein Fisch an ihm vorbei. Gleich hinter ihr folgte Jabali.

»Wenn Linh unsere Mathelehrerin wäre, wäre es glatt mein Lieblingsfach«, schmeichelte er Linh.

Und schon waren sich Michael und Lennart einig. »Schleimer!«, riefen sie wie aus einem Munde.

»Ich fand es ein nettes Kompliment«, freute sich Linh. Und wandte sich an Jabali. »Aber du hättest deiner Lieblingslehrerin ruhig ein Eis mitbringen können.«

Jabali erschrak. Daran hatte er wirklich nicht gedacht.

Michael und Lennart grinsten.

Da rief Ilka aus Linhs Zimmer: »Sag bloß, du hast schon wieder einen neuen Bonsai?«

Linh strahlte: »Ist der nicht toll?«

»Ja«, sagte Lennart, als er mitten in Linhs Dschungel stand. »Du hast ja sonst kaum Pflanzen.«

»Wenn du vergnügt sein willst, umgib dich mit Freunden, wenn du glücklich sein willst, umgib dich mit Blumen«, zitierte Linh.

Michael stöhnte. »Wieder einer deiner chinesischen Sprüche?«

»Japanisch«, korrigierte Linh. Sie liebte asiatische Weisheiten. Viele kannte sie durch ihren Kampfsport und sie verfügte über ein unerschöpflich großes Repertoire. Zum Leidwesen von Michael, der das meiste entweder nicht verstand oder einfach nur blöd fand.

»Ich muss euch unbedingt etwas erzählen. Ich bin so aufgeregt!«, sagte Linh.

Sofort wurden die anderen hellhörig. Für aufregende Neuigkeiten waren sie alle immer zu haben.

»Setzt euch«, bat Linh ungeduldig. Vier Sitzkissen lagen verteilt im Zimmer. Sie lagen immer da, denn ihre vier Freunde sollten sich jederzeit willkommen fühlen. Jedes der Fünf Asse hatte seinen Stammplatz in Linhs Zimmer.

Fünf Asse: Diesen Spitznamen hatten sie weg, seit sie sich angefreundet hatten und eine richtige Clique bildeten. Denn jeder von ihnen zeichnete sich durch ganz besondere sportliche Stärken aus.

Linhs Stammplatz war das Bett, auf dem sie im Judositz hockte.

»Stellt euch vor: Yamada Yuuto kommt an unsere Schule.« Ihre Wangen glühten vor Aufregung.

»Ist das dieser Judo-Guru?«, fragte Jabali und zeigte auf das einzige Bild im Zimmer.

»Das ist kein Guru«, stellte Linh klar. »Sondern

ein Judo-Großmeister. Ach, was sage ich: *der* Judo-Großmeister. Eine lebende Legende. Und *ich* ...« Linh betonte es, als ob sie es immer noch nicht fassen konnte. »... *ich* bin zu seiner persönlichen Betreuerin auserwählt worden! Professor Stölzer hat mich gerade angerufen und mich darum gebeten.«

»Unser Direktor?«, fragte Michael erstaunt. »Hat dich angerufen?«

»Höchstpersönlich!«, bestätigte Linh nicht ganz ohne Stolz.

»Wow!«, sagte Jabali, obwohl er keine Ahnung hatte, welche Bedeutung der Großmeister hatte.

»Super!«, freute sich Ilka für Linh. »Wann geht's los?«

»Wie es aussieht, können wir die Mathe-Nachhilfe jedenfalls knicken«, vermutete Michael. Damit sollte er recht behalten.

Niemand merkte Linh am nächsten Morgen an, dass sie kein Auge zugemacht hatte. Die ganze Nacht lang waren ihre Gedanken um ihre Aufgabe als persönliche Betreuerin von Yamada Yuuto gekreist. Was würde sie tun müssen? Womit könnte sie dem Großmeister wohl eine Freude machen? Wie sollte sie sich überhaupt mit ihm verständigen?

Ihre Muttersprache war Deutsch, sie war ganz gut in Englisch und sprach halbwegs verständlich die Sprache ihrer Eltern: Vietnamesisch. Yamada Yuuto hingegen kam aus Japan. Sprach er überhaupt eine Fremdsprache? Lennart, Jabali, Ilka und Michael hatten ihre Unterstützung zugesagt, aber würden sie ihr wirklich helfen können? Noch nicht einmal ein beruhigender Spruch aus ihrem großen Schatz asiatischer Weisheiten war ihr eingefallen.

In der Wartehalle des Flughafens war die Hölle los. Zu allem Überfluss war Linh von all den Tausenden Menschen, die hektisch um sie herumwuselten, mit Abstand die Kleinste. Sie hatte schon Schwierigkeiten, ihre Freunde nicht aus den Augen zu verlieren. Wie sollte sie nur den Großmeister in diesem Gewühl entdecken?

»Seht ihr ihn?«, fragte Linh verzweifelt, als sich die Schiebetüren der Ankunftshalle öffneten und wieder eine ganze Schar Fluggäste mit ihren Gepäckwagen herausströmte. Sie stand schon auf Zehenspitzen, aber um die Tür sehen zu können, musste sie hochspringen.

»Nö«, sagte Michael. Er war der Größte der Fünf Asse. Aber er schaute gar nicht richtig hin. Sein Blick wanderte immer wieder zu dem Imbiss, an

dem er sich gern ein Sandwich gekauft hätte, wenn es nicht so sündhaft teuer gewesen wäre.

»Können Sie ihn vielleicht entdecken?«, fragte Linh den Direktor, der direkt hinter ihr stand. Direktor Stölzer schüttelte den Kopf und hob das Pappschild mit dem Namen ihrer Schule höher, damit der Großmeister seinerseits die Abordnung der Schule finden konnte.

Auch Lennart, Ilka und Jabali wirkten ziemlich ratlos. Sie sahen gut hundert Japaner aus der Ankunftshalle kommen. Rund die Hälfte davon waren zwar Frauen, aber es blieben immer noch zu viele Männer übrig, auf die Linhs Beschreibung des Großmeisters passte: klein, schwarzhaarig, schlank. Japaner.

»Ihr habt doch das Bild von ihm gesehen. In meinem Zimmer!«, erinnerte Linh ihre Freunde.

Ilka und Jabali nickten. Und gaben auf. Niemals würden sie den Großmeister unter all den Fluggästen herausfinden.

»Schade, dass er keinen Judoanzug trägt«, wagte Michael auszusprechen, was die anderen dachten. Ihn traf ein böser Blick von Linh. Aber nur kurz. Linh widmete ihre Aufmerksamkeit wieder den Ankommenden. Erneut sprang sie hoch.

»Da!«, schrie sie plötzlich. »Da ist er!« Für Linh war er gar nicht zu verkennen. Der fließende Gang, die stolze Körperhaltung, der durchtrainierte Körper und der wache Blick.

Die anderen in der Gruppe schauten Linh skeptisch an.

»Seht ihr ihn denn nicht?«, fragte Linh. »Den erkennt man doch unter Tausenden sofort!«

»Klar«, schwindelte Michael. »Ich hab ihn auch gleich erkannt.«

»So?«, hakte Lennart nach. »Welcher ist es denn?«

»Na, der!«, behauptete Michael und zeigte prompt auf den Falschen.

Lennart kicherte.

Linh hatte keine Zeit, sich zu empören. Sie war als Betreuerin auserkoren. Also wollte sie den Großmeister auch als Erste begrüßen. Das Empfangskomitee der Schule hielt sich ihr zuliebe ein wenig zurück: Frau Kick, ihre Sportlehrerin; Uwe Schuster, Linhs Judotrainer; ein Vertreter des Judo-Ortsverbandes und eben Schuldirektor Professor Stölzer.

Linh zwängte sich durch die Menschenmenge hindurch, bis sie nur noch wenige Schritte von ihrem großen Idol trennten. Dem ersten Eindruck nach schien der Großmeister ganz normal zu sein. Er

war mit einem Charterflugzeug gekommen, hatte keine Bodyguards dabei und wirkte irgendwie bescheiden. Linh fragte sich, ob ihm der Strauß Sonnenblumen als Begrüßungsgeschenk gefallen würde. Sie selbst liebte Sonnenblumen über alles.

Ehrfurchtsvoll schaute sie Yamada Yuuto in die Augen und stotterte: »Hal... Hallo!« Ihr Hals fühlte sich rau und heiser an. Sie räusperte sich. »He... He... Herzlich willkommen. W...w...wir freuen uns.« Oh, diese verdammte Aufregung! Sie atmete tief durch und brachte dann fehlerfrei heraus: »Ich bin Linh.«

In dem Moment fiel ihr ein, dass sie deutsch geredet hatte. Einfach so. Das war doch unhöflich. Wieso hatte sie ihn nicht auf Englisch begrüßt? Linh spürte, wie sie rot anlief. Die erste Begegnung und dann gleich so voll peinlich.

Schnell versteckte sie sich hinter den vollen Sonnenblumen. Es war kaum zu erkennen, wer den Großmeister hinter dem großen Strauß begrüßte. Fast hätte man glauben können, dass der Strauß selbst zu Yamada Yuuto sprach.

»Sehr schöne Blumen«, antwortete Yuuto. Auf Deutsch! Linh traute ihren Ohren nicht. Zu gern hätte sie gewusst, wieso der Großmeister Deutsch sprach, aber jetzt war nicht der Zeitpunkt, danach zu fragen.

»Ich liebe Sonnenblumen! Vielen, vielen Dank.«

Yamada Yuuto sah wirklich wie auf ihrem Poster aus, obwohl dazwischen sicher schon zehn Jahre lagen.

»Ich habe die Blumen selbst gezüchtet«, sagte Linh stolz.

»Meine Hochachtung«, lobte Yamada. »Schade nur, dass sie nun für meine Begrüßung sterben müssen.«

Unangenehme Besucher

Sogar die große Stadt-Zeitung hatte es auf der Sportseite gemeldet:

Erstmals in Europa:
Judo-Legende Yamada Yuuto.

Und kleiner darunter:

James-Connolly-Sportschule gewinnt großes Los!
Sie ist Gastgeber für den Großmeister aus Japan.

Linh strich die Zeitungsseite glatt und pinnte sie mit Heftzwecken an eine Stellwand, die im Flur vor der Aula aufgebaut war. Alle Informationen und Zeitungsartikel, die während des Besuchs des Gastes zu finden waren, sollten hier gesammelt werden.

Schon am ersten Tag hielt Yamada Yuuto einen Vortrag an ihrer Schule. Noch war aber ein wenig Zeit. In einer halben Stunde würde ihn ein Taxi von seinem Hotel abholen und zur Schule fahren, wo Linh ihn dann wieder in Empfang nehmen konnte.

»Hilf mir mal.« Linh hatte einen Tapeziertisch auseinandergeklappt, wusste nun aber nicht so recht weiter. Ilka packte mit an und zusammen stellten sie den Tisch auf. Daneben standen mehrere Buchkisten bereit, die der Verlag geschickt hatte, der Yamadas Bücher in Deutsch veröffentlichte. Linh hatte sich bereit erklärt, auch den Buchverkauf zu organisieren. Unmittelbar nach dem Vortrag musste sie in die Sporthalle eilen und sich für den Wettkampf gegen eine Judo-Auswahl der Grünheim-Schule umziehen. Er sollte im Anschluss an den Vortrag stattfinden.

Ilka klebte ein paar Poster, die der Verlag mitgeschickt hatte, an die Stellwand. Während sich Lennart zusammen mit Herrn Rittmeier, dem Hausmeister, um die Technik im Saal kümmerte.

Linh sah nervös auf die Uhr. »Wo bleibt denn bloß Jabali?«

Jabali wollte am Eingang zum Vortragssaal Eis verkaufen und dazu seine neuesten Kreationen von zu Hause holen. Wenn er allerdings weiter auf sich warten ließ, musste er das Eis vermutlich allein essen.

»Das würde ihm auch nichts ausmachen«, lachte Ilka.

»Kommt er nicht da vorne?«, fragte Linh, erkannte aber sogleich ihren Irrtum. Jabali wäre gelaufen. Der sich da näherte, trug zwei Bücherkartons, die er wie Gewichte mit weit ausgestreckten Armen transportierte. Kein Zweifel, es war Michael.

»Ich dachte, Judo bedeutet kämpfen und nicht lesen!«, sagte er, als er die beiden Kisten abstellte.

Da tauchte Xaver auf. Sofort verstummten die Gespräche. Xaver gehörte zur Grünheim-Schule. Und soweit Linh sich erinnerte, hatte er schon immer übers Judo hergezogen.

»Seit wann macht ihr denn Werbung fürs Altersheim?«, fragte er.

»Seit wir immer gegen ein solches Altenheim wie die Grünheim-Schule antreten müssen«, konterte Ilka. »Noch 'ne Frage?«

Michael lachte. Er mochte die Grünheim-Schule noch weniger als die anderen. Er erinnerte sich jetzt, dass er Xaver schon vor einigen Stunden auf dem Schulgelände bemerkt hatte. Lange bevor die Judoka-Gruppe der Grünheim-Schule eingetroffen war, die der Direktor leider zum Vortrag des Judo-Meisters eingeladen hatte.

»Was machst du denn hier? Bist du jetzt zu den Judokas übergegangen?«, fragte Michael direkt nach.

»Pah«, antwortete Xaver abfällig. »Ich mache doch keinen Sport im Schlafanzug!«

»Ne«, konterte Ilka bissig. »Du schläfst beim Sport!«

Michael und Linh kicherten.

Xaver schwieg und wich den Blicken aus.

In dem Moment kam Jabali zurück. Er zog vier Kühltaschen auf Rollen hinter sich her. »Suchst du etwa immer noch nach dem Hausmeister?«, wunderte er sich über Xaver.

»Was willst du denn von Herrn Rittmeier?«, fragte Ilka.

Xaver sagte immer noch nichts.

Jabali hievte die Kühltaschen auf den Tapeziertisch. »In der Grünheim-Schule wird die Sprache erst nächstes Jahr erfunden«, scherzte er, zog den Reißverschluss einer Tasche auf und holte ein Eis hervor: »Willst du vielleicht als Erster ein Eis kaufen? Für Grünheimer kostet es nur das Doppelte!«

»Wie lange bleibt euer Supergast denn?«, fragte Xaver ernst.

»Das steht in der Zeitung, falls du lesen kannst«, log Michael. Denn dort war nur vom Datum seiner Ankunft die Rede.

Xaver drehte wortlos ab und bewegte sich Richtung Ausgang.

»Doch kein Eis?«, rief Jabali ihm hinterher. »Bekommst auch einen Sonderpreis. Für dich das Dreifache!«

»Vorsicht. Der dreht gleich um und kauft eines, weil er glaubt, er macht ein Schnäppchen«, lachte Ilka.

Die anderen lachten mit. Nur Linh wurde schnell wieder ernst.

»Seltsam, oder?«, fragte sie in die Runde. »Was will der überhaupt hier?«

»Typisch Xaver«, fand Michael. »Das Ekelpaket nervt, wo es nur geht.«

»Stimmt!« Lennart stand plötzlich bei ihnen. Er hatte gerade noch gesehen, wie Xaver verschwunden war. Er kannte ihn von vielen Basketball-Begegnungen. »Also, das Mikro steht!«

»Mist, uns rennt die Zeit weg«, warf Ilka ein. »Gleich kommt Yamada Yuuto und hier sieht es noch aus wie Kraut und Rüben!«

Die Freunde erledigten zügig die angefangenen

Arbeiten und erwarteten dann den Großmeister mit Spannung.

Der traf, wie geplant, pünktlich mit dem Taxi ein. Linh nahm ihn in Empfang und begleitete ihn in den Vortragsraum.

Eine Viertelstunde später war es so weit. Der Direktor schloss seine Begrüßungsrede.

»... und bedanken uns für Ihren Besuch. Ich gebe das Wort weiter an unseren Gast Yamada Yuuto.« Das Publikum applaudierte.

Der Saal war voll, bis auf ein paar Plätze, die für Journalisten, den Bürgermeister und andere Vertreter der Stadt frei gehalten wurden. Vergeblich, denn bisher war von den Politikern noch niemand aufgetaucht. Immerhin waren zwei Leute von der Presse gekommen.

Während Ilka und Jabali hinten auf dem Boden hockten, von wo aus sie auch den Büchertisch vor der Tür gut im Auge behalten konnten, hatte Linh natürlich ganz vorne einen Platz bekommen, direkt neben Yamada Yuuto. Alle Augen richteten sich jetzt auf den berühmten Gast neben ihr. Dahinter saß der komplette Vorstand des örtlichen Judoverbandes. Die dritte und vierte Reihe besetzten Vertreter anderer Kampfsportarten. Sogar ein paar Lei-

ter verschiedener Kampfsportklubs waren gekommen, um zu hören, was der Großmeister des Judos zu sagen hatte.

Offenbar legten sie großen Wert darauf, dass man sie sofort als Mitglieder der Kampfsportklubs erkannte, denn alle trugen auffällige T-Shirts ihrer Klubs.

Vollkommen unnötig, dachte Linh. Dass diese Typen keine Judokas waren, sah man auch ohne deren Shirts aus hundert Kilometer Entfernung. Während Yamada Yuuto in all seinen Bewegungen wirkte wie eine Feder im Frühlingswind, hockten diese Typen mit ihren gedrungenen Körpern da wie Betonklötze. Sie hatten allesamt ihre Arme vor der Brust verschränkt und es war nicht zu übersehen, dass sie nicht besonders viel von Yamada Yuutos Weisheiten hielten. Schon vor der Veranstaltung waren zwei von ihnen aufgefallen, weil sie zwei Kampfhunde mit sich führten. Natürlich ohne Leine. Der Hausmeister hatte sie nicht etwa weggeschickt, sondern sogar extra ein Seil besorgt, um die Hunde vor dem Schultor anbinden zu können. Aber selbst darauf hatten sich die Typen nur mit Murren eingelassen. Sie hatten ernsthaft geglaubt, zwei frei laufende Kampfhunde mit in die Veranstaltung nehmen zu können.

Yamada Yuuto erhob sich und schwebte leichtfüßig die Stufen zur Bühne hinauf.

Linh klatschte sofort kräftig Beifall und animierte so den ganzen Saal, es ihr gleichzutun. Nur die Muskelpakete behielten ihre Arme vor der Brust verschränkt. Vermutlich waren ihre Hände längst unter den Achseln festgeklebt, dachte Linh verärgert.

Sie wusste natürlich, dass die friedliche Art Yamada Yuutos und seine Weisheiten bei den meisten Kampfsportlern nicht angesagt waren. Yamada Yuuto legte außerordentlichen Wert auf einen freundschaftlichen Umgang auch im Kampfsport. Im Grunde drehten sich alle Bücher Yamada Yuutos um dieses eine Thema. Die Kampfsportler hingegen schlugen auch gern mal richtig zu.

Jetzt konnte es endlich losgehen!

Der Meister begann seinen Vortrag mit einem Zitat eines berühmten japanischen Pädagogen aus dem 19. Jahrhundert und machte danach eine kleine Pause, als ob er über den ersten Satz meditierte. Dann wandte er seinen Blick wieder ins Publikum und bedankte sich mit freundlicher Stimme für die Einladung. Linh war von den Worten des Meisters hin und weg. Es war einer dieser Momente, in denen

sie glaubte, ihre Begegnung mit dem Großmeister wäre nur ein wunderschöner Traum. Sie hing ihrem großen Vorbild an den Lippen, obwohl sie viele vorgetragene Gedanken schon aus seinen Werken kannte. Umso weniger konnte sie verstehen, wieso zwei der bunten Muskelpakete jetzt einfach miteinander quatschten.

Auch Yamada Yuuto bemerkte das Gespräch. »Haben Sie eine Frage?«, rief er zu den beiden hinunter. »Ich konnte sie leider nicht hören, weil ich gerade sprach.«

Das Publikum lachte. Auch Linh musste grinsen und war erleichtert, dass der Meister sich diese unhöfliche Störung nicht zu Herzen nahm.

Die beiden Männer standen auf und verließen mit lautem Stuhlrücken den Saal. Der Großmeister wartete ruhig, bis sie draußen waren, ehe er mit seinem Vortrag fortfuhr.

Für Linh verflog die Zeit wie im Wind. Für ihren Geschmack ging Yamada Yuutos Rede viel zu schnell zu Ende.

»Wenn man die Faust zumacht, besitzt man nichts, wenn man die Hand aufmacht, besitzt man die ganze Welt«, schloss Yamada Yuuto seine Ausführungen, schwieg wie zu Beginn seines Vortrages und nach einer Weile sagte er: »Ich bedanke mich für Ihre freundliche Aufmerksamkeit und wünsche Ihnen allen einen guten Heimweg.« Der Meister verneigte sich vor dem Publikum und verließ das Rednerpult.

Der Direktor kam ihm entgegen, bedankte sich per Handschlag und sagte: »Sie denken daran? Gleich beginnt ein spannender Wettkampf in der Halle drüben. Unsere Schüler messen sich mit ihrer härtesten Konkurrenz, der Grünheim-Schule.«

Linh lief schon hinüber zur Sporthalle, um sich dort schnell für den anstehenden Wettkampf umzuziehen. Gleich würde der Meister ihr zusehen! Gleich würde sie zeigen, wie viel sie aus seinen Lehren in ihre Kampfweise übernommen hatte. Vor lauter Aufregung kam sie gar nicht aus ihren Klamotten. Das Hosenbein verhakte sich an ihrer Ferse, ihr Gesicht steckte in dem halb über den Kopf gezogenen Shirt, die Ärmel verdrehten sich und die Hände blieben darin stecken. Linh geriet ins Straucheln, hatte nichts mehr, womit sie sich hätte festhalten können, und kippte um.

In dem Moment kam Ilka in die Umkleidekabine. Sie entdeckte Linh als zappelndes Knäuel, das mit ihrer Wäsche kämpfte.

»Ist das eine neue Übung deines Meisters?«, lachte sie.

»Quatsch nicht! Hilf mir!«, gab das Knäuel verzweifelt zurück. »O Mann, ich komme zu spät!«

»Nein!«, beruhigte Ilka sie. »Professor Stölzer führt deinen Meister noch durch die Schule. Das kann dauern!«

Trotzdem wollte Linh so schnell wie möglich bereit sein für ihren Wettkampf.

Ilka zog ihr das Shirt aus, damit Linh wieder etwas sehen konnte, half ihr, die Hose von der Ferse zu pulen, und endlich konnte Linh in das liebste Kleidungsstück steigen, das sie besaß: ihren Judogi, den strahlend weißen Judo-Anzug.

Spurlos verschwunden!

Der Saal war schon ganz leer, der Verkauf der Bücher, der Kuchen und von Jabalis Eis war gut gelaufen. Jabali saß noch hinter dem Verkaufstisch und zählte das Kleingeld. Leider hatten manche Gäste die großen blauen Müllsäcke in den Seitengängen komplett übersehen. Eisbecher, Pappteller und Servietten lagen an vielen Stellen zwischen den Stuhlreihen auf dem Boden. Doch da neben Michael, Lennart und Jabali auch noch einige andere aus der Klasse halfen, war der Müll in der Aula schnell eingesackt und die Tüten draußen vor die Tür gestellt. Endlich konnten auch die Jungs losziehen, um sich den Judo-Wettkampf gegen die Grünheimer anzusehen.

Linh war schon intensiv mit ihren Aufwärm- und Konzentrationsübungen beschäftigt, als die drei in die Halle kamen.

Die erste Runde stand unmittelbar bevor. Obwohl Linh sich sehr auf ihre Übungen konzentrier-

te, sah sie die Jungs von Weitem und winkte ihnen strahlend zu. Sie war in Top-Form, bestens vorbereitet, dem Großmeister zu zeigen, was sie schon alles konnte. Und hinterher würde er ihr sicher ein paar wertvolle Tipps geben können, wie sie ihren Kampfstil noch weiter perfektionieren konnte. So eine Chance bekam man vermutlich nur ein einziges Mal im Leben! Linh schaute sich um, ob sie den Meister schon entdecken konnte. Sie sah Direktor Stölzer, aber weder zu seiner Linken noch zu seiner Rechten saß der Meister!

Hatte Ilka nicht gesagt, er hätte den Meister durch die Schule geführt? Wieso waren sie dann nicht gemeinsam in die Halle gekommen?

Susanne Kick, ihre Klassenlehrerin, war da. Ebenso »die Kartoffel«, Jürgen Pommes, der Vertrauenslehrer. Auch ihr Trainer aus dem Verein war gekommen. Neben ihm saß sogar der Vorsitzende des Ortsverbandes. Ilka machte gerade ein wenig Platz für die drei Jungs. Wo aber steckte Yamada Yuuto?

Michael beobachtete, wie Linh lautlos ihre Lippen bewegte: *Meister?* Dann breitete sie ihre Arme aus: *Wo? Wo?*

Jetzt fiel es den anderen auch auf: Yamada Yuuto fehlte.

Direktor Stölzer war keinerlei Nervosität anzumerken. Erst als Frau Schmidt, die Sportlehrerin, die Halle betrat, ging er ihr aufgeregt entgegen. »Haben Sie Herrn Yuuto nicht mitgebracht? Sie wollten ihm doch noch kurz die Außenanlagen zeigen!«

»Ich dachte, er sei zu Ihnen gegangen, als er plötzlich weg war. Ist er nicht hier?«, fragte sie überrascht.

Alle waren da, nur ihr Gast fehlte! Linh wusste nicht, was sie davon halten sollte. In ihr machte sich ein Gefühlsmix aus Besorgnis und Verwirrung breit. Sie bekam gerade noch mit, wie der Kampfrichter den Beginn ihres Kampfes anzeigte.

Linh verneigte sich vor ihrer Gegnerin und versuchte, sich zu konzentrieren. Unmöglich! Mit einem Auge und mit ihrer halben Aufmerksamkeit war sie draußen in der Halle und nicht auf der Matte. Ihre Gegnerin hingegen war voll bei der Sache, attackierte Linh sofort, versuchte sie am Kragen hinter dem Nacken zu packen und brachte sie damit auch gleich in Bedrängnis. Nur mühsam konnte sich Linh gerade noch rechtzeitig lösen. Im Zurückweichen zog sie ihrerseits die Gegnerin am Ärmel, die aber rasch mit einem großen Schritt

nach vorn ihr Gleichgewicht zurückgewann. Exakt in dem Moment, in dem ihre Gegnerin glaubte, den Angriff abgewehrt zu haben, zog Linh ihr linkes Bein zurück und benutzte das rechte Bein als Drehpunkt für einen Schulterwurf. Ihre Gegnerin rutschte aber weg und ihr ganzer Körper landete auf der Seite. Sofort setzte Linh mit einem Haltegriff nach.

Linh nahm den Applaus von den Rängen, der ihr gespendet wurde, kaum wahr. Nur die eine Frage wirbelte ihr durch den Kopf: Wo ist Yuuto? Warum schaut er nicht zu?

Beinahe wäre ihr die Gegnerin deshalb aus dem Haltegriff entwichen. Gerade noch rechtzeitig bemerkte Linh ihre die verzweifelte Attacke. Schnell fasste sie nach, veränderte den Haltegriff in einen unangenehmen Würgegriff, der die Gegnerin zur sofortigen Aufgabe zwingen sollte. Mit hochrotem Kopf klopfte sie auf der Matte ab.

Linh löste den Griff, der Kampfrichter beendete den Kampf. Linh hatte gewonnen.

Noch unter dem tosenden Jubel ihrer Mitschüler und den enttäuschten Buhrufen der Grünheimer lief Linh – nachdem sie mit einer höflichen Verbeugung ihrer Gegnerin den nötigen Respekt entgegengebracht hatte – von der Matte, winkte ihre

Freunde herbei und fragte nochmals nach dem Verbleib des Großmeisters.

Aber niemand hatte ihn gesehen. Michael nicht, Ilka nicht, Lennart nicht und Jabali sowieso nicht. Der hatte sich am Eingang aufgebaut, um sein restliches Eis zu verkaufen.

»Glückwunsch zum ersten Sieg!« Frau Kick klopfte Linh anerkennend auf die Schulter.

»Danke!«, sagte Linh automatisch, um sofort auf das einzig wichtige Thema zurückzukommen. »Haben Sie Yamada Yuuto gesehen?«

Frau Kick schüttelte den Kopf. »Der wird sicher gleich auftauchen, mach dir nichts draus, er wird deine anderen Kämpfe erleben!«

Linh schüttelte den Kopf. Dass er ihren Kampf nicht gesehen hatte, war die eine Sache. Aber wie konnte ein so wichtiger Gast einfach verloren gehen? Gemeinsam fragten sie den Direktor. Aber auch der wusste von nichts. Und hatte offenbar noch nicht mal den Ernst der Lage erkannt, fand Linh.

»Ich wollte ihm die Schule zeigen, aber er wollte sich erst mal draußen umschauen«, berichtete der Direktor und mit vorwurfsvollem Blick Richtung Frau Schmidt fügte er an: »Und dann habe ich ihn

Frau Schmidt für einen Rundgang übers Gelände übergeben.«

»Na ja«, verteidigte sich Frau Schmidt erneut. »Ich dachte, er wäre schon hierhergegangen!«

Sofort war Linh klar: Da stimmte etwas nicht. So hochnäsig war der Großmeister nicht, dass er sich nicht mit Interesse einen Schüler-Wettkampf angesehen hätte.

»Vielleicht ist ihm etwas zugestoßen?«, fragte sie besorgt.

Der Direktor lachte. »Einem Großmeister in Judo und Karate? Wer sollte dem denn etwas tun? Vielleicht war er nur auf Toilette und hat sich dann in einem der Gänge im Schulgebäude verlaufen. Ich werde gleich mal zwei Schüler losschicken, ihn zu suchen. Glückwunsch übrigens zum ersten Sieg.«

Geistesabwesend bedankte sich Linh. Sie konnte nicht verstehen, wieso sie die Einzige war, die sich wirklich Sorgen um Yamada Yuuto machte.

»Aber was ist, wenn unser Gast wirklich verschwunden ist?«, hakte Linh noch mal nach.

Der Direktor schüttelte den Kopf. »In unserer Schule ist schon so manches weggekommen«, beruhigte er. »Aber noch niemals sind hier Menschen verschollen.« Er sah sich um, welche Schüler er zum Suchen losschicken konnte.

Linh hätte sich am liebsten selbst auf die Suche gemacht, aber Wettkampfteilnehmer durften das Dojo nicht verlassen. Außerdem stand ihr zweiter Kampf unmittelbar bevor.

Linh winkte ihren Freunden, die auch sofort angelaufen kamen. Linh erklärte die Lage und der Direktor fragte, ob sich jemand auf die Suche machen könnte.

»Okay«, erklärte sich Lennart sofort bereit. »Wir suchen alles ab. Wir finden ihn bestimmt gleich.«

»Ach ja?«, fragte Michael. »Woher willst du das denn wissen?«

Lennart warf ihm zur Antwort einen giftigen Blick zu.

Bevor nun zwischen den beiden alten Kontrahenten ein Streit ausbrach, ging Ilka schnell dazwischen. Sie schob Michael und Lennart beiseite, während sie Linh zuzwinkerte: »Wir finden den Meister und Linh gewinnt ihre Kämpfe. Ende der Debatte. Auf geht's!«

Linh nickte, aber Ilka sah, wie sehr sie sich jetzt beherrschen musste. Sie ahnte auch, was Linh gerade durch den Kopf ging: Die Kämpfe zu gewin-

nen, ohne Klarheit über Yamada Yuutos Aufenthalt zu haben, war eigentlich unmöglich!

Schon zeigte der Kampfrichter Linhs zweiten Kampf an.

»Ich verlasse mich auf euch«, rief Linh ihren Freunden noch zu. Dann lief sie auf die Matte, um sich vor ihrer zweiten Gegnerin zu verbeugen.

Der Kampf begann, aber Linh konnte sich beim besten Willen nicht konzentrieren. Von der Anwesenheit des Meisters hatte sich Linh heute zusätzliche Kraft für ihre Kämpfe erhofft. Jetzt war das Gegenteil eingetreten: Seine Abwesenheit machte sie nervös. Ihre Gewinnchance sank auf null.

Lennart nahm Ilka und Michael beiseite, winkte auch Jabali zu sich und sagte mit verschwörerischer Miene: »Wir brauchen einen Plan. Am besten, wir teilen uns auf.«

Michael erklärte sich sofort bereit: »Ich schaue hinter den Hallen nach ihm. Bis dann.« Und schon war er weg.

Jabali sagte mit Blick auf seine Pulsuhr: »Ich laufe einmal das Gelände außen ab. Sollte ich länger als fünf dreißig weg sein, dann hat auch mich ein unbekanntes Wesen verschluckt.« 5 Minuten und 30 Sekunden war Jabalis Außenmaß des Schulgeländes.

»Bleibst du hier bei Linh?«, fragte Lennart Ilka. »Ich will noch mal nachfragen, wo unsere Lehrer Yuuto das letzte Mal gesehen haben.« Und schon war Lennart abgedreht und nahm Kurs auf den Direktor. Bei dem standen gerade der Hausmeister und die Vertrauenslehrer Herr Pommes, Frau Kick und Frau Schmidt zusammen und berieten, was sie tun sollten.

»Ich habe diesen Yamaha nirgends gesehen!«, berichtete der Hausmeister gerade, als Lennart dazukam.

»Yamada Yuuto«, korrigierte der Direktor, worauf Hausmeister Rittmeier nur mit den Schultern zuckte. »Von mir aus! Jedenfalls ist er weg!«

»Wie wär es mit einer groß angelegten Suchaktion?«, überlegte Herr Pommes.

Der Direktor zog die Augenbrauen hoch. »Wir sollten aber auch keine Panik auslösen, sondern die Sache besonnen angehen.«

Linh kam mit hängendem Kopf bei Ilka an. Den zweiten Kampf hatte sie genauso schnell verloren, wie sie den ersten gewonnen hatte.

Lennart kehrte vom Direktor zurück zu Ilka und Linh.

»Und?«, fragte Ilka.

Lennart zuckte mit den Schultern. »So richtig fällt denen auch nichts ein. Unser Hausmeister kannte noch nicht mal Yuutos Namen!«

Linhs Stimmung wurde immer verzweifelter. Und das unmittelbar vor ihrem dritten Kampf! Wie sollte sie nur an ihren Wettkampf denken, solange ihre Gedanken beim Großmeister waren? Wenn ihm nun etwas zugestoßen war? Ihr fiel einfach kein vernünftiger, harmloser Grund für sein Verschwinden ein.

»Denk einfach, deine Gegnerin hätte Yuuto entführt«, gab Ilka ihr als Tipp mit auf den Weg.

Linh erschrak. »Du glaubst, man hat Yuuto entführt?«

»Nein, nein!«, beschwichtigte Ilka schnell. »Warum sollte jemand einen Judo-Großmeister entführen? Und vor allem, wie? Der könnte sich doch wehren. Ich wollte nur sagen, diese Vorstellung hilft dir vielleicht, dich in diesem Durcheinander kämpferisch auf deine Gegnerin einzustellen!«

Linh grauste vor so einer Möglichkeit, aber trotzdem wollte sie Ilkas Idee ausprobieren. Es funktionierte besser, als sie selbst geglaubt hatte. Die Gegnerin verstand gar nicht, weshalb Linh sie schon bei der Verbeugung so böse anguckte. Noch während die Gegnerin sich darüber wunderte, sauste Linh schon auf sie los. Kein Abtasten, kein Austarieren der Kräfte, kein Abschätzen, was die Gegnerin wohl tun würde. Linh sprang auf ihre Gegnerin zu, packte sie, schleuderte sie herum, warf sich auf sie, klemmte sich ihren Hals zwischen die Schenkel, drückte zu und fragte mit scharfem Ton: »Wo steckt Yuuto?«

Die Gegnerin röchelte.

Der Kampfrichter ging dazwischen, unterbrach den Kampf und bestrafte Linh. Denn Sprechen ist während des Kampfes nicht erlaubt. Diese Regel kennt jeder und sie wird von Anfang an strengstens beachtet. Damit hatte Linh die Runde schon fast verloren. Ihr Fehler verdeutlichte, wie groß ihre Anspannung war. Linh sammelte sich neu und versuchte ihre Gedanken im Zaum zu halten. Der Kampfrichter gab den Kampf erneut frei. Nur mit größter Konzentration gelang es Linh, die Gegnerin schon wenig später auf ähnliche Weise in Bedrängnis zu bringen. Sie bleib dabei: kein Abwarten, kein Rückzug! Stattdessen benutzte Linh die ganze Verzweiflung über Yamada Yuutos Verschwinden. Und noch ehe die Gegnerin begriff, dass

der Kampf wieder begonnen hatte, war er auch schon beendet. Sieg für Linh!

»Hurra!«, jubelte Ilka.

Linh verbeugte sich vor der Gegnerin, immer noch mit verzweifelter Wut im Bauch.

»Die hat sie doch nicht mehr alle!«, beschwerte sich die Gegnerin später.

Endlich hatte Linh eine kleine Pause. Denn die Wettkämpfe wurden in zwei Teilen bestritten. Dazwischen lag eine kleine Pause von einer halben Stunde. Linh nahm sich vor, die Zeit zu nutzen, um im Hotel anzurufen. Man konnte ja nie wissen. Vielleicht hatte sich Yamada Yuuto aus irgendeinem Grund dorthin zurückgezogen. Vielleicht hatte ihn jemand beleidigt, ohne es zu wissen? In der Pause durfte sie den Dojo verlassen. Bevor sie in die Umkleidekabine lief, um ihr Handy zu holen, fragte sie noch mal bei Ilka und Lennart nach: »Und? Haben die anderen etwas erreicht?«

»Mal sehen. Da kommen sie gerade«, antwortete Ilka und zeigte auf die Eingangstür.

Jabali kam hereingelaufen, dicht gefolgt von Michael. Von Weitem zuckten sie schon mit den Schultern, was so viel hieß wie: keine Spur vom Großmeister.

»Dann frage ich jetzt mal im Hotel«, informierte Linh die anderen, ging los und stieß mit einem Mann zusammen.

»Na, ich hoffe, ich komme nicht zu spät zum Wettkampf«, sagte der Mann.

Linh starrte ihn entgeistert an: Vor ihr stand in voller Lebensgröße Yamada Yuuto. Auch die anderen brachten kein Wort heraus.

»Zeigst du mir einen freien Platz?«, fragte er Linh höflich.

Linh war noch zu verdattert, um zu antworten. Außerdem sah sie, dass etwas nicht stimmte.

Das Gesicht des Großmeisters war fast weiß und schweißnass, als ob nicht sie, sondern er gerade drei aufregende Kämpfe hinter sich gebracht hätte. Seine Stirn schlug Sorgenfalten. Sein interessantes Lächeln, das Blitzen in seinen Augen: verschwunden! Der Meister schien wie verwandelt. Er wirkte verstört und in sich gekehrt. Das war nicht der gleiche freundliche, offene und humorvolle Yamada Yuuto wie noch vor Kurzem bei seinem Vortrag.

Kaum war er wieder aufgetaucht, machte sie sich erneut Sorgen um ihn. Am liebsten wäre sie jetzt einer alten Weisheit von Laotse gefolgt, die besagt:

»Nimm dir jeden Tag eine halbe Stunde Zeit für deine Sorgen; in dieser Zeit mache ein Schläfchen.«

Ilka stieß Linh an. »Der Sitzplatz!«, raunte sie Linh zu.

»O ja, natürlich!«, stotterte Linh. »Entschuldigen Sie. Hier vielleicht. Von hier aus können Sie den zweiten Teil des Wettkampfes am besten verfolgen.«

»Den zweiten Teil?«, fragte der Großmeister, während er den Platz einnahm, den Linh ihm anbot.

Linh erklärte ihm, dass er den ersten verpasst hatte. Der Großmeister entschuldigte sich und schien sein Fehlen wirklich zu bedauern. Also war er nicht freiwillig fortgeblieben, sondern aufgehalten worden. Aber von wem? Und wo? Schickte es sich, einen Gast so etwas zu fragen? Linh traute sich nicht.

Der Direktor warf Lennart einen erleichterten und zufriedenen Blick zu.

Aber nichts hatte sich geklärt. Irgendetwas war mit dem Großmeister geschehen.

»Wie waren denn deine Kämpfe?«, fragte der Großmeister. Linh erzählte es ihm. Sie machte eine kleine Pause, nahm ihren ganzen Mut zusammen und fügte an: »Den zweiten Kampf habe ich verloren, weil ich mir Sorgen um Sie gemacht habe.«

Linh schlug das Herz bis zum Hals. War das jetzt frech gewesen? Sie konnte doch nicht dem Großmeister die Schuld dafür geben, den Kampf verloren zu haben. Aber es entsprach der Wahrheit.

Der Großmeister legte die Hand auf Linhs Kopf, schloss kurz die Augen, nickte kaum merklich mit dem Kopf und sagte ihr: »Wenn man mit den Gedanken nicht beim Kampf ist, wird man ihn verlieren. Lerne dich zu konzentrieren, egal, was passiert.«

Linh überlegte, ob sie etwas antworten sollte, doch da ertönte bereits der erste Gong, der das Ende der Pause signalisierte. Alle Judokas hatten sich wieder rund um die Matte zu versammeln, aufgeteilt in die zwei Mannschaften, um sich für die zweite Hälfte des Wettkampfes bereit zu zeigen und dem Gegner Respekt zu zollen.

»Viel Glück!«, rief Michael ihr nach.

»Judo ist kein Glücksspiel«, korrigierte der Großmeister.

Blödmann!, dachte Michael und hätte am liebsten sofort nachgefragt, wo der Großmeister denn gesteckt hatte. Doch ein scharfer Blick von Ilka ließ ihn verstummen.

Auf Linh wartete eine der stärksten Judoka der Grünheimer. Bisher war ihr in fünf Begegnungen gegen Linh erst ein Sieg gelungen. Für heute hatte die Grünheimerin sich den schnellen Sieg vorgenommen. Ein Blick in ihre glühenden Augen verriet es. Linh setzte der wilden Glut ruhig fließendes Blut entgegen. Der Großmeister war da. Alles war gut. Linh konnte seinem Rat folgen und sich auf ihren Kampf konzentrieren. Sie würde zeigen, wie gut sie war. Sie würde seiner Lehre alle Ehre machen.

»Denke nicht ans Gewinnen. Doch denke darüber nach, wie du nicht verlierst.«

Linh schloss die Augen und nahm sich fest vor, gegen ihre stärkste Gegnerin nicht zu verlieren. Und sie wusste auch schon, wie sie das anstellen würde. Die Grünheimerin hatte Linh mit Sicherheit in den ersten drei Kämpfen beobachtet. Besonders der dritte würde ihr in Erinnerung geblieben sein. Linh hatte schneller zugepackt, als eine Schlange biss. Jetzt plante sie exakt das Gegenteil. Linh nahm sich vor, die wilde Entschlossenheit der Gegnerin mit ihrer Ruhe zu zerbrechen.

Wie erwartet, ging die Gegnerin von der ersten Sekunde an forsch auf Linh los. Linh griff sie an den Oberarmen und tat ansonsten nichts, außer die

Beine der Gegnerin zu beobachten und in den Fingerspitzen zu fühlen, wohin sich deren Kräfte jeweils verlagerten.

Die Gegnerin versuchte einen Fußfeger anzusetzen. Linh wich ihm aus. Die Gegnerin probierte einen Schulterwurf, Linh hielt stand. Mehrere Male ging das so. Die Gegnerin griff an, Linh parierte.

Ihr Trainer betrachtete den Kampf mit skeptischem Blick.

»Sie setzt sich selbst unter Druck«, erkannte er. »Wenn keinem von beiden die entscheidende Attacke gelingt, wird die Grünheimerin gewinnen, weil sie die Aktivere ist. Linh müsste sich endlich mal wehren.«

»Finde ich auch!«, stimmte Michael zu.

Jabali biss sich nur auf die Lippen und drückte Linh fest die Daumen.

»Linhs Attacke wird noch kommen«, glaubte Lennart ganz fest. »Bestimmt.«

»Sie muss sich beeilen«, gab der Trainer zu bedenken. »Die Zeit läuft. Über die Hälfte des Kampfes ist schon vorbei.«

»Linh weiß, was sie tut«, war Ilka sich sicher. Sie machte sich überhaupt keine Sorgen, dass Linh den Kampf verlieren könnte. Als hätte Linh Ilkas Worte

gehört, legte sie los. Die Gegnerin setzte wieder einen Fußfeger an, Linh parierte und ging sofort in den Gegenangriff über, indem sie die Kraft und den Schwung der völlig überraschten Gegnerin nutzte. Linh zog sie seitlich an sich vorbei, warf sie über ihr gestrecktes Bein zu Boden und hielt sie dort sofort im Haltegriff, aus dem es kein Entkommen gab.

Michael hatte diesen Griff schon einmal am eigenen Leib spüren müssen. Es war der fieseste Griff, den Linh zurzeit draufhatte. Man fühlte sich zwar zu allen Seiten frei und trotzdem konnte man sich irgendwie nicht rühren. Er hatte bislang nicht begriffen, wie das funktionierte. Auch die Gegnerin schien das nicht zu wissen. Sie zappelte, wand sich auf dem Boden, fand aber einfach keinen Ausweg. Der Kampfrichter zählte sie ab und Linh hatte den Kampf gewonnen.

»Sag ich doch!«, jubelte Ilka.

Linhs Trainer klatschte Beifall. Michael und Lennart hüpften und brüllten vor Freude und Jabali sagte: »Komisch!«

Ilka und die anderen sahen ihn an: »Was ist daran komisch?«

Jabali zeigte auf den Platz, auf dem der Großmeister gesessen hatte. Der Platz war leer.

Genau das stellte Linh auch gerade fest. Eilig rannte sie durch die Sitzreihen hinauf zu ihren Freunden. »Hat er auch meinen letzten Kampf nicht gesehen?«, fragte sie.

Michael zuckte mit den Schultern. Lennart schaute weg. Sie hatten alle so gebannt auf Linhs Kampf geschaut, dass sie nicht mehr auf den hohen Gast geachtet hatten. Jabali wollte gerade zu einer Erklärung ansetzen, da entdeckte Linh ihn. Yamada Yuuto verließ in diesem Moment die Halle.

»Jetzt lasse ich ihn nicht mehr aus den Augen!«, versprach Linh und rannte los.

Dem Großmeister auf den Fersen

»Wo will Linh denn hin?«, wunderte sich Michael.

»Na, die wird sich blitzschnell umziehen. Sie kann dem Meister ja wohl schlecht im Judoanzug folgen, wenn der rausgeht«, vermutete Jabali.

»Vielleicht sollten wir für sie solange Yuuto im Auge behalten«, schlug Ilka vor. »Nicht dass er weg ist, bevor Linh aus der Umkleidekabine kommt.«

Lennart kratzte sich an der Stirn. »Also ehrlich gesagt...«, druckste er herum.

»Was hast du?« Ilka bemerkte sein sorgenvolles Gesicht.

»Na ja«, begann Lennart leise. »Erstens geht es da zu den Umkleidekabinen.« Lennart zeigte nach links. »Linh ist aber hier entlanggelaufen.« Nun zeigte er nach schräg rechts zum Ausgang.

Die Köpfe seiner Freunde folgten seinen Richtungsanzeigen.

»Und zweitens ist weder Yuuto noch Linh zu sehen«, vollendete Jabali Lennarts Gedanken.

Ilka glotzte die Jungs mit offenem Mund an. »Ihr wollt nicht sagen, wir haben jetzt beide verloren, oder?«

Lennart und Jabali nickten.

Michael stöhnte laut auf. »O Mann, das wird ja immer schöner! Die rennt dem doch nicht im Judoanzug durch die Straßen hinterher!« Das konnte sich Michael nicht vorstellen. Zwar lief er selbst oft nur in Sportkleidung durch die Gegend, aber immerhin trug er dabei auch Sportschuhe und war nicht wie die Judoka barfuß.

Doch während ihre Freunde noch grübelten, wo Linh stecken könnte, war sie schon gar nicht mehr auf dem Gelände. Als sie gesehen hatte, wie Yamada Yuuto die Halle verließ, hatte sie spontan einen Entschluss gefasst: Sie wollte herausbekommen, weshalb der Großmeister ständig verschwand. Ohne auch nur eine Sekunde Zeit zu verlieren, war sie ihm so, wie sie war – das hieß, noch im Judogi –, nachgerannt. Es verstieß zwar gegen die Regeln, den Judogi außerhalb des Dojo zu tragen, aber ihr war keine Zeit zum Umziehen geblieben. Nicht einmal Schuhe hatte sie sich noch anziehen können. Linh musste also nicht nur zusehen, Yuuto nicht aus den Augen zu verlieren und dabei selbst unent-

deckt zu bleiben, sondern auch noch höllisch aufpassen, wohin sie trat.

Yuuto schien sich überraschend gut auszukennen und wusste offenbar genau, wohin er wollte. Doch er schien sehr darauf bedacht, genau das zu verbergen. Alle paar Meter drehte er sich um, ob er nicht beobachtet oder verfolgt wurde. Linh musste sich wie eine echte Detektivin ständig verstecken. Jetzt kauerte sie hinter einem parkenden Wagen und stellte erstaunt fest, dass der Großmeister in eine kleine Seitenstraße abbog, die zum Friedhof führte.

Kurz vor dem Eingang schaute sich Yamada Yuuto noch mal in alle Richtungen um und betrat dann das Friedhofsgelände.

In halb gebückter Haltung hastete Linh hinterher. Sie hockte sich hinter einen großen Grabstein, von dem aus sie den Großmeister gut sehen konnte, befürchtete aber, ihn über kurz oder lang in dem Labyrinth der Grabstätten zu verlieren. Keine Frage, sie brauchte Verstärkung. Gern hätte sie Ilka angerufen. Aber ihr Handy steckte in ihrer Jeans. Und die hing am Garderobenhaken in der Turnhalle.

Vielleicht konnte sie jemanden...? Schon entdeckte sie einen Jungen, etwa zwei Jahre älter als sie selbst, der mit seinen Eltern recht gelangweilt über den Friedhof stiefelte.

Linh machte sich zischend bemerkbar: »Psst!«
Der Junge reagierte nicht.
»Pssssst!«, wiederholte Linh.
Jetzt blieb er stehen und sah sich um.
»Pssssssssst! Pssssst!«
Linh kam halb hinter dem Grabstein hervor und winkte den Jungen zu sich. Der konnte es gar nicht glauben, tippte sich mit dem Zeigefinger auf die Brust und fragte mit stummem Blick, ob er gemeint war.

Linh nickte und winkte heftig.

Der Junge schaute kurz zu seinen Eltern, die einige Meter vor ihm gingen und ihren Sohn im Moment nicht beachteten, und lief auf Linh zu. Die zog ihn sofort hinter den Grabstein, warf noch rasch einen Blick nach dem Großmeister, der sich nun seltsamerweise gar nicht mehr weiterbewegte.

»Hast du ein Handy?«, fragte Linh den Jungen.
»Natürlich! Wieso?«
»Darf ich mal telefonieren?«
»Spinnst du? Weißt du, was das kostet? Wieso willst du mit meinem Handy telefonieren?«

Linh zeigte an sich herunter. »Ich muss meine Eltern anrufen.«

»Wieso bist du denn überhaupt barfuß und im Judoanzug hier?«

»Gute Frage«, gab Linh zu. »Leider kann ich dir das jetzt nicht erklären. Also, was ist: Kann ich oder nicht?«

Der Junge überlegte kurz, dann hatte er sich entschieden: »Okay, aber nur ganz kurz. Ich hab nicht mehr viel Geld auf der Karte! Und meine Eltern ...«

»Super. Du bist echt nett!«

Und schon hielt Linh das Handy des Jungen in der Hand und tippte eilig Ilkas Nummer. Schnell erklärte sie Ilka, warum sie dringend Hilfe bräuchte und wo sie sich befand.

»Eingang West oder Ost, welcher Bereich?«, fragte Ilka nur, und dann: »Wir sind schon unterwegs!«

»Ach, und noch etwas!«, fiel Linh ein. »Kannst du meine Schuhe mitbringen?«

Der Junge sah sie mit großen Augen an.

»Danke!«, sagte Linh und gab dem Jungen das Handy zurück.

»*Das* waren deine Eltern?«

Linh lächelte ihn an und zuckte mit den Schultern. »Man kann sich seine Eltern nicht aussuchen. Deine suchen dich übrigens schon.«

Der Junge sah sich erschrocken um. Weit vorne, schon fast auf der Höhe des Großmeisters, standen seine Eltern und verrenkten sich die Hälse auf der Suche nach ihrem Sohn. Ohne sich weiter zu verabschieden, düste er los, was Linh nur recht war.

Noch immer stand Yamada Yuuto am selben Fleck. Linh schaute sich um. Sie befanden sich in einem Bereich des Friedhofes, in dem die Gräber erst in den letzten Monaten und Wochen eingerichtet worden waren. Vor einem dieser Gräber stand der Großmeister nun schon seit geraumer Zeit. Und vielleicht, so hoffte Linh, blieb er noch so lange dort stehen, bis ihre Freunde kamen.

Yamada Yuuto schien andächtig zu beten. Das Grab war das einzige weit und breit, das nicht mit Blumen oder Kränzen geschmückt worden war. Keine weißen Bänder mit letzten Worten an den Verstorbenen, kein einziger Gruß eines Hinterbliebenen. Dort konnte nur jemand begraben sein, der sehr einsam gelebt hatte, ohne Familie oder Freunde und Bekannte.

Irgendwann verbeugte Yamada Yuuto sich vor dem Grab und ging drum herum. Er untersuchte

die Grabumrandung, die Rückseite des Holzkreuzes und sogar den Boden direkt neben dem Grab. Er schien die ganze Grabstätte einer Art Inspektion zu unterziehen.

Was sucht der da?, fragte sich Linh gerade, als Jabali und Michael den Friedhofseingang erreichten. Sie hatten einen kleinen Sprint eingelegt. Linh konnte sie schon aus der Ferne erst hören und dann auch sehen. Die Jungs erreichten Linh und der Großmeister wandte sich vom Grab ab und machte sich wieder auf den Weg Richtung Ausgang.

»Seht ihr das Grab mit dem schlichten Holzkreuz?«, fragte Linh die Freunde und erzählte, was der Großmeister dort gemacht hatte. »Schaut euch doch mal um, wer da liegt oder ob es dort irgendetwas Besonderes gibt! Ich folge ihm, bevor er wieder ganz verschwindet. Wenn ihr fertig seid, kommt nach!«

»Machen wir!«, stimmte Jabali zu.

»Ich brauche noch ein Handy von euch, damit wir in Verbindung bleiben können«, fiel Linh ein.

»Nimm Jabalis!«, schlug Michael sofort vor.

»Wieso meines?«, wollte Jabali wissen. »Sie kann ebenso gut deines nehmen.«

»Mensch, Leute! Ich telefoniere schon nicht nach Saigon!«, schnauzte Linh die beiden an.

Wortlos reichten sie Linh ihre Handys. Linh entschied sich für Michaels. Der verzog das Gesicht, aber nur kurz.

»Wo sind Lennart und Ilka?«, wollte Linh noch wissen. »Halten sie die Stellung in der Schule?«

»Welche Stellung denn?«, fragte Michael verblüfft. »Da passiert überhaupt nichts.«

Da tauchten Lennart und Ilka auch schon auf. Linh rannte den beiden entgegen. »Gut, dass ihr da seid!«, empfing sie sie und wandte sich gleich an Ilka: »Hast du meine Schuhe?«

»Ja klar!«, antwortete Ilka und hielt Linh eine Tüte hin. »Aber erzähl erst mal, was passiert ist.«

»Ich muss los!«, drängte Linh, schüttete die Schuhe aus der Tüte. »Keine Socken?«

»Schuhe, hast du gesagt«, entgegnete Ilka.

Linh nickte, während sie sich eilig ihre Schuhe anzog. »Schon okay. Jabali erzählt euch alles.« Und schon war sie weg.

Gefährliche Fassadenkletterei

Yamada Yuuto verließ den Friedhof und ging weiter stadtauswärts in ein Wohngebiet, in dem dicht an dicht viele kleine Häuschen standen. Die meisten Gärten waren liebevoll gepflegt und mit Zäunen begrenzt. Vor einem auffällig verwilderten Garten blieb der Meister stehen, schaute sich wieder geheimnisvoll um und betrat schließlich das Gelände durch ein morsches Gartentor. Versteckt hinter meterhohen Tannen stand ein altes Haus.

Irgendwie konnte sich Linh gar nicht vorstellen, dass jemand darin wohnte. Es sah leer aus, aber sie konnte von ihrer Position aus nur die obere Etage erkennen. Sie huschte bis fast vors Gartentor, langte über den Zaun und schob einige Tannenzweige auseinander, durch die sie jetzt die Eingangstür des Hauses sehen konnte.

In dem Moment piepte Michaels Handy in ihrer Hand. Linh erschrak, zog sich schnell zurück, um nicht entdeckt zu werden, und las die SMS, die Jabali ihr gesendet hatte: »Wo steckst du?«

Gute Frage!, dachte Linh und suchte nach einem Straßenschild. *Lange Straße,* tippte sie zurück. Sie wagte noch einen Blick durch die Tannen, um die Hausnummer erkennen zu können: *35.*

Gern hätte sie noch ein Foto von dem Haus gemacht und es per MMS versendet, damit die anderen es leichter finden konnten, aber vor der Haustür tat sich etwas. Die Tür war offensichtlich nur angelehnt gewesen. Der Großmeister betrat das Haus zögerlich und mit leisem Schritt.

Woher kennt er das Haus?, fragte sich Linh. Hatte es nicht geheißen, er wäre das erste Mal in Deutschland? Linh merkte, wie ihr Puls immer schneller ging. Irgendwie war ihr die ganze Geschichte nicht geheuer. Außerdem fühlte sie sich überhaupt nicht wohl dabei, den Großmeister Yamada Yuuto gemeinsam mit ihren Freunden wie einen Schwerverbrecher zu beschatten.

Andererseits benahm er sich ja wirklich mehr als geheimnisvoll.

»Und?«, fragte plötzlich eine Stimme hinter ihr.

Linh hätte fast aufgeschrien vor Schreck. Aber es war nur Michael, der sie auf die Schulter tippte.

»Mensch, kannst du nicht Bescheid sagen, dass du hinter mir stehst?«, fuhr sie ihn an.

»Ich hätte mir ja ein Blaulicht auf den Kopf schnallen können, damit die ganze Gegend mich sieht!«, verteidigte sich Michael.

Hinter Michael standen Ilka, Lennart und Jabali.

»Er ist gerade reingegangen«, flüsterte Linh ihnen zu.

»Und wer wohnt da?«, fragte Lennart.

»Das würde ich auch gern wissen«, antwortete Linh. »In so einem desolaten Haus wohnt doch keiner.«

»Was für'n Salat?«, fragte Michael nach.

»Sie meint abbruchreif!«, erklärte Lennart.

»Sag das doch«, moserte Michael. »Aber da hast du recht. Totale Schrottbude.«

»Irgendetwas interessiert Yamada Yuuto dort drinnen. Irgendetwas Geheimnisvolles«, glaubte Linh. »Sonst wäre er ja nicht hier. Also, was ist: Wer geht nachgucken?«

Michael, Lennart und Jabali sahen sich an.

»Wieso eigentlich immer wir Jungs?«, fragte Jabali. »Ständig heißt es ›Förderung der Mädchen‹, aber wenn's brenzlig wird, verzieht ihr euch.«

»Red nicht solchen Quatsch!«, wies Ilka ihn

zurecht. »Ich gehe. Kommst du mit, du Angsthase?«

Die beiden kletterten über den Zaun und liefen geduckt bis unter eines der seitlichen Fenster. Kaum hatten sie es erreicht, öffnete vorn jemand die Haustür.

Jabali und Ilka erschraken und warfen sich flach auf den moosbewachsenen Boden. Er war kalt und glitschig. Ilka machte das nichts aus, aber Jabali stieß voller Ekel ein kurzes »Uähhh!« aus.

Yamada Yuuto verließ das Haus und ließ die Tür ins Schloss fallen. Linh, Michael und Lennart sprangen blitzschnell über den Zaun und versteckten sich zwischen den Tannen, die entsetzlich pikten. Aber sie ließen den Großmeister nicht aus den Augen.

»Wir gehen ihm nach«, flüsterte Linh Lennart zu und wandte sich dann an Michael. »In der Zeit könnt ihr ins Haus gehen und nachsehen, was dort drinnen so interessant ist.«

»Wir können *was*?«, rief Michael entsetzt zurück.

Aber da waren Linh und Lennart schon losgelaufen.

Ilka und Jabali klopften sich das Moos von der Kleidung, als Michael auf sie zukam.

»Linh will, dass wir ins Haus gehen!«, rief er im-

mer noch empört. »Die spinnt doch! Wie sollen wir das denn machen? Der hat die Tür zufallen lassen, und wir können sie wohl schlecht aufbrechen.«

Jabali schaute auf ein offenes Fenster im Obergeschoss und grinste Michael ins Gesicht.

Michael begriff. »Du meinst doch nicht etwa, dass ich da hochklettere?!« Die Hauswand war bis auf wenige Vorsprünge, Fensterbänke und eine Regenrinne glatt, ganz anders als die Boulderwände in der Schule, die Michael im Halbschlaf in Rekordzeit erklimmen konnte. Aber hier einen Weg nach oben zu finden, das forderte seine ganze Fantasie und seinen ganzen Mut.

»Wenn du nicht kletterst, mach ich's«, stachelte Ilka Michael an.

»Viel Vergnügen!«, gab Michael keck zurück, der genau wusste, dass Ilka weder vorhatte, an der Hauswand hochzuklettern, noch es gekonnt hätte. Genauso wenig wie Jabali. Sie wollte ihn nur überreden, es zu tun.

»Ich geh ja schon«, gab Michael nach. »Aber wenn ich stürze, erklärt ihr es meinen Eltern!«

»Versprochen!« Ilka hob die rechte Hand zum Schwur.

Michael tastete die Hauswand mit flachen Händen ab. »Ziemlich bröckeliger Putz!«, stellte er fest. »Selbst wenn ich einen Vorsprung finde, kann der leicht abbrechen.«

»Zuerst auf den Sims des unteren Fensters«, schlug Jabali vor.

Michael verzog das Gesicht. »So schlau bin ich auch, du Dschungelkasper.«

»O sorry, du Fast-Food-Baby!«

»Na super!«, applaudierte Ilka. »Ein dummer Spruch gegen Afrika, gekontert mit 'nem dummen Spruch gegen die USA. Seid ihr nun so weit, dass es mal vorangeht, oder wollt ihr noch was gegen die Kängurus in Australien loswerden?«

»Schon gut«, lenkte Michael ein. Mit einem Satz sprang er auf den Sims des unteren Fensters, hielt sich am Rahmen fest, hangelte sich hoch und stand im Nu auf dem minimalen Vorsprung, den der Rahmen in der Hauswand bot.

Jabali bibberte schon beim Zuschauen und bedauerte, dass er Michael diesen halsbrecherischen Vorschlag gemacht hatte.

Michael reckte den rechten Arm. Um den Sims vom oberen Fenster zu erreichen, fehlten ihm zehn Zentimeter. Sosehr er die Hauswand auch absuchte, er fand keinen geeigneten Halt.

»Da hilft nur eines: Ich muss springen!«, rief er hinunter.

»Springen?«, wiederholte Ilka entsetzt.

»Das ... das kann er doch nicht machen«, stotterte Jabali. »Der bricht sich das Genick!«

Aber Michael sprang, verfehlte den Sims des oberen Fensters und rutschte mit einem durchdringenden Schmerzensschrei einen guten halben Meter die raue Fassade entlang hinab. Doch bevor er endgültig abstürzte, fand er Halt an der zerbrechlichen Fassung einer Außenlampe, die zum Glück nicht mehr unter Strom stand.

»O Scheiße!«, fluchte er.

»Hast du dir was getan?«, fragte Jabali besorgt.

»Ja, natürlich hab ich mir was getan!«, schimpfte Michael laut. »Was dachtest du denn? Dass ich mich an der Hauswand sauber schrubbe?«

Ilka sah sich ängstlich um. Was, wenn sie ein Nachbar hörte oder sogar sah? Sie mussten endlich in dieses Haus rein.

Michael unternahm einen zweiten Versuch: auf den Fenstersims, von dort auf den Rahmen des unteren Fensters, dann der Sprung.

Jabali schaute lieber nicht hin. Ilka hielt den Atem an. Und Michael rief: »Geschafft!«

Er baumelte mit ausgestreckten Armen am Sims des oberen Fensters, zog sich mit einem Klimmzug daran hoch. Durch die Anspannung sah man deutlich Michaels starke Muskeln. Er gelangte mit dem Knie auf den Sims und erkannte, dass Jabali recht gehabt hatte: »Das Fenster steht offen!«

»Super!«, rief Jabali ihm zu. »Dann geh doch rein!«

Michael stieß das Fenster auf und steckte erst einmal vorsichtig den Kopf ins Haus.

»Mach schon!«, drängelte Jabali. »Bevor uns jemand entdeckt.«

Michael sprang ins Haus hinein.

Jabali und Ilka warteten ungeduldig vor der Haustür. Kein Namensschild gab Auskunft über den Bewohner. Nicht mal am Briefkasten, der aufgebrochen worden war, stand etwas.

Plötzlich erschrak Jabali. Hinter ihnen bellte ein Hund. Ein großer, schwarzer Hund am Zaun! Wo ein Hund war, da war meistens auch ein Besitzer. Jabali versuchte nicht zu atmen. Er hoffte, so von dem neugierigen Hund unentdeckt zu bleiben. Der kam aufgeregt schnuppernd und mit wedelndem Schwanz Meter für Meter näher. Ein gelb-schwarzes Tuch um seinen Hals verriet, dass er irgendwo

ein Zuhause hatte. Warum schlief er jetzt nicht dort auf einem gemütlichen Hundekissen, sondern streunte stattdessen hier herum? Er kam durch das Tor und lief direkt auf Jabali zu. Warum öffnete Michael nicht endlich? Jabali hatte Angst. Der Hund spürte das und begann erneut zu bellen.

»Hau ab!«, schimpfte Jabali. Aber er jammerte eher, als dass er es befahl, worauf der Hund auch noch zu knurren anfing.

Jetzt hatte Ilka genug. »Aus!«, fauchte sie den Hund an, packte ihn beherzt am Halstuch und zog ihn Richtung Gartentor. »Verschwinde! Zack!«

Der Hund gehorchte und zog ab.

Nach ein paar Schritten schien er es sich aber anders zu überlegen, blieb stehen, drehte sich um und schaute Jabali und Ilka an. Ganz offenbar wusste er nicht so recht, wozu er sich entscheiden sollte: Ilka zu gehorchen oder Jabali zu ärgern. Ilka fiel eine dritte Möglichkeit ein. Sie nahm ein Stöckchen, das neben der Treppe im Beet lag, und zeigte es dem Hund. Der fing sofort an, freudig mit dem Schwanz zu wedeln. Ilka suchte sich ein Ziel und warf das Stöckchen. Es landete genau hinter dem Abfalleimer, der neben dem Gartentor stand. Der Hund sauste hinterher, knallte mit dem Kopf gegen die Mülltonne, lief um sie herum und suchte verzweifelt das Stöckchen.

Da öffnete sich endlich die Haustür hinter Ilka und Jabali.

»Na, wie habe ich das gemacht?«, wollte Michael gerade prahlen.

»Zu langsam«, antwortete Jabali, schob Michael beiseite und rannte ins Haus.

»Was hat der denn?«, fragte Michael Ilka.

»Angst vor Hunden!«, grinste Ilka und zeigte auf den Hund, der immer noch wild um die Mülltonne herumlief und das Stöckchen suchte.

»Wo bleibt ihr denn?«, rief Jabali von drinnen. »Wir sollten so schnell wie möglich Informationen sammeln und dann nichts wie raus hier, bevor der Hund noch jemanden auf unsere Spur lockt!«

Im Haus sah es schlimmer aus als in Michaels Zimmer, wenn er gerade etwas suchte: ein einziges Chaos. Ausgekippte Schubladen, umgestoßene Regale, offene Schränke und auf dem Boden verstreut lagen Kleider, Briefe, Ordner und jede Menge Kleinkram. Hier hatte jemand etwas gesucht. Yamada Yuuto konnte es nicht gewesen sein. Er war zwar einige Zeit in dem Haus gewesen, aber nicht lange genug, um ein solches Durcheinander anzurichten.

Sogar die Matratze war aufgeschnitten worden. Das Laken lag lose daneben. Hatte bisher niemand den Einbruch bemerkt und gemeldet? Außerdem stank es im ganzen Haus nach modrigem Keller. Unerträglich! In der Küche mischte sich der Kellergestank mit dem Geruch von verwesenden Lebensmitteln. Die Spüle quoll über mit schmutzigem Geschirr, auf dem sich schon dicke Schimmelschichten gebildet hatten.

«Iiiiiiihhhhh ...«, quiekte Michael beim Anblick einer großen Madenfamilie, die am Tellerrand spazieren ging. »Schnell wieder raus hier. Das halt ich nicht aus!«

»Moment noch!«, bat Ilka. Sie hatte im Flur auf dem Boden verstreute Briefe, Prospekte und Rechnungen entdeckt, die wohl mal durch den Briefkastenschlitz in den Flur geworfen worden waren. Ilka hob einen der Briefe auf und las vor, an wen er adressiert war: »Gustav Bruhn – den gleichen Namen haben wir doch vorhin auf dem Holzkreuz gelesen!«

Gustav Bruhn war tot? Aber irgendjemand hatte ihn doch beerdigt. Wieso hatte sich dieser Jemand nicht um das Haus gekümmert? Wieso schickte man dem Toten noch Rechnungen?

Ilka, Michael und Jabali konnten sich keinen Reim auf das machen, was sie gefunden hatten.

»Erst mal raus hier«, schlug Michael erneut vor. »Ich muss mich sonst gleich übergeben bei dem Gestank.«

Jabali schaute ängstlich aus dem Fenster. Der Hund schnüffelte noch immer an der Mülltonne herum.

»Ich gehe vor und lenke ihn ab«, versprach Ilka. »Und ihr gebt Dampf.«

So schnell sie konnten, liefen sie ins Freie. Der Hund hob kurz den Kopf, wollte den Kindern hinterherlaufen, doch Ilka befahl ihm: »Such! Such das Stöckchen!«

Sofort machte der Hund sich wieder an die Arbeit und die Kinder konnten unbemerkt verschwinden.

Als Ilka, Michael und Jabali in der Schule ankamen, waren auch Linh und Lennart schon da.

»Und?«, fragte Michael.

»Wir haben gewonnen!«, berichtete Lennart.

Michael wusste erst gar nicht, wovon Lennart sprach, bis der ihn an den Judowettkampf erinnerte. Michael schlug sich vor die Stirn. Er und auch Ilka und Jabali hatten tatsächlich nicht mehr an den

laufenden Wettkampf gedacht, der am Morgen noch so wichtig gewesen war.

»Ach so, ja. Schön«, kommentierte Michael nur. Aber seine Gedanken waren, wie die der anderen, bei Yamada Yuuto. »Wo ist er?«

»Dort!«, zeigte Linh.

Der Großmeister saß im Foyer in einer Ecke und sah sehr niedergeschlagen aus.

Versehentlich stieß Linh gegen Michaels Bein.

»Autsch!«, schrie er kurz auf und zuckte zusammen.

Linh schaute ihn verwundert an und entdeckte dann seine Schürfwunden.

»Oje, was ist denn mit deinem Bein los?«, fragte sie.

Michaels Schürfwunde blutete und sah wirklich gar nicht gut aus.

»Wie ist das denn passiert?«

Während Michael ihr erzählte, was sie erlebt hatten, rannte Ilka los, besorgte Salbe und Verband aus dem Hausmeisterbüro, und war gerade zurück, als Michael seine Erzählung beendete. Ausgerechnet heute hatte sie in der Aufregung ihr Notfalltäschchen vergessen, das sie sonst immer um die Hüfte gebunden hatte.

»Und bei euch?«, fragte Michael, während Ilka begann, sich um seine Verletzung zu kümmern: mit desinfizierender Salbe, einer Wundauflage und einem Spezialverband, den sie gekonnt um sein Bein wickelte. Sie stellte damit wieder mal ihre Fähigkeiten als Rettungshelferin unter Beweis. Sie kannte die wichtigsten Handgriffe für viele Notfälle. Und Michaels Wunde war zumindest ein kleiner Notfall.

Linh erzählte, dass Yamada Yuuto von dem Haus direkt zu einer nahe gelegenen Bank und von dort in eine Bibliothek gegangen war. Was er dort jeweils genau getan hatte, konnten sie nicht sagen.

In der Bank hatte er mit einem Angestellten gesprochen, das hatten sie noch gesehen. Dann war er mit dem Bankangestellten über eine Treppe ins Kellergeschoss verschwunden und kurz darauf wieder aufgetaucht. Soweit Lennart wusste, befanden sich in den Kellergeschossen der Banken meistens die Schließfächer, in denen Bankkunden wertvolle Dinge aufbewahren konnten. Aber wie konnte Yamada Yuuto hier in einer Bank ein Schließfach haben?

Ähnlich mysteriös hatte er sich in der Bibliothek verhalten. Kaum hineingegangen, war er auch schon wieder herausgekommen. Ohne ein Buch in

der Hand. Dann war der Großmeister zur Schule zurückgekehrt.

Jabali schaute hinüber zu Yamada Yuuto. »Der sieht wirklich mies aus«, fand er.

Ilka stimmte ihm zu. »Warum fragst du ihn nicht, was los ist?«, schlug sie Linh vor. »Du kannst dich doch als Betreuerin erkundigen, wie es deinem Gast geht.«

Linh nickte. Zögerlich ging sie auf den Großmeister zu. Er wirkte ungewohnt zerstreut. Wo war er bloß in seinen Gedanken? Linh traute sich und fragte: »Geht es Ihnen gut?«

»Ja.«

»Kann ich Ihnen irgendwie behilflich sein?«

»Nein.«

»Wie fühlen Sie sich bei uns?«

»Gut.«

Drei Antworten auf ihre Fragen, wie sie knapper nicht sein konnten. Linh fand sein Verhalten unheimlich.

»Wirklich, alles okay?«, hakte sie noch mal nach.

»Jaja, danke, es geht mir gut. Eure Stadt ist schön, eure Schule auch. Bleibt es bei dem bisherigen Plan für morgen?«

Linh ahnte längst, dass sein Besuch an der Schule

nur als Vorwand für alle anderen Unternehmungen diente. Sie beschloss, das zu testen.

»Gut, dass Sie fragen«, antwortete sie. »Könnten Sie Ihre Vorführung eine Stunde nach hinten verlegen?« Eine spontane Idee von Linh. Wenn er bestimmte Pläne für den darauffolgenden Tag hatte, dann hätte er jetzt Probleme, flexibel auf ihren neuen Terminwunsch zu reagieren.

Der alte Mann überlegte nicht lang und antwortete: »Ich richte mich da ganz nach den Plänen der Schule. Mein Lehr-Programm steht. Wann soll ich denn morgen anfangen?«

Yamada Yuutos Antwort beruhigte Linh ein wenig. Zumindest verfolgte er keinen ausgefeilten, geheimen eigenen Zeitplan. »Ich hole Sie um acht Uhr ab und wir setzen die Vorführung auf neun Uhr«, schlug Linh vor. Sie vertraute darauf, dass sie einen guten Grund finden würde, dem Direktor diese kurzfristige Verschiebung um eine Stunde zu erklären.

»Einverstanden?«, fragte sie noch mal nach.

»Yorochii«, nickte der Großmeister. »Abgemacht!«

Linh hatte trotzdem das Gefühl, dass irgendetwas nicht stimmte.

Auf Spurensuche

Kurz vor acht Uhr stand Linh am Hotel, um Yamada Yuuto zur Schule zu begleiten. Direktor Stölzer hatte keine Probleme in der Verschiebung des Programms um eine Stunde gesehen. Leider hatte Linh wieder ein bisschen schwindeln müssen und behauptet, diese Terminverschiebung wäre ein Wunsch des Großmeisters gewesen. Linh betrat das Hotel, stellte sich mitten ins Foyer und schaute sich um. Der Großmeister war noch nicht da. Zwar gab es eine Menge großer, breiter, sehr bequem aussehender Sessel, aber Linh wagte nicht, sich zu setzen. Ausschließlich wichtig aussehende Geschäftsleute benutzten die Sessel. Manche fläzten sich darin wie daheim auf dem Sofa, manche verschwanden gänzlich hinter ihren Zeitungen, andere telefonierten mit ihren Handys oder hackten hektisch auf ihren Laptops herum, als hätten sie schon den halben Tag vertrödelt. Linh war nur eine kleine Schülerin, die jemanden abholen sollte. Sie schaute auf die Uhr. Punkt acht.

Nach zehn Minuten Warten überlegte Linh, was sie tun sollte. Schließlich fasste sie sich ein Herz und bat den Mann an der Rezeption, Yamada Yuuto in dessen Zimmer anzurufen. Vielleicht hatte er verschlafen?

Der Portier rief an, aber im Zimmer nahm niemand ab. »Entweder schläft der sehr fest oder er ist schon gegangen und hat den Schlüssel mitgenommen«, sagte der Portier.

Linh ahnte schon, dass Yuuto nicht schlief. Trotzdem fragte sie, ob sie mal an seinem Zimmer klopfen dürfte. Der Portier nannte ihr die Zimmernummer.

Kurz darauf stand Linh im fünften Stock vor dem Zimmer 512 und hämmerte mit den Fäusten gegen die Tür.

Nichts regte sich.

Die Tür war abgeschlossen. Linh bekam es mit der Angst zu tun. Was, wenn ihm etwas zugestoßen war? Mit pochendem Herzen fuhr sie wieder hinunter zur Rezeption und teilte dem Portier ihre schlimmsten Befürchtungen mit. Der Portier verzog die Augenbrauen zu einem kritischen Blick. Es

widerstrebte ihm, wegen der Panikmache eines kleinen Mädchens etwas zu unternehmen, was dem Gast möglicherweise lästig oder unangenehm sein könnte. Andererseits wollte er sich auch keine Fahrlässigkeit vorwerfen lassen. Vielleicht benötigte der alte Mann in dem Zimmer wirklich Hilfe? Er fuhr gemeinsam mit Linh hinauf in den fünften Stock, um persönlich nach dem Gast zu schauen.

Der Portier klopfte an die Tür, wartete, klopfte, rief nach Herrn Yuuto, schloss schließlich die Tür auf und sah ins Zimmer, während Linh draußen warten musste.

Kurz darauf kehrte der Portier sichtlich erleichtert zurück: »Wie ich gesagt habe. Er ist gegangen und hat den Schlüssel mitgenommen. Alles in Ordnung.«

Nichts war in Ordnung! Keine zwei Minuten später stand Linh unten vor dem Hotel und schrie in ihr Handy: »Er ist wieder weg!« Wütend stampfte sie mit dem Fuß auf. »Er macht mich verrückt. Bin ich Betreuerin oder Detektivin?«

Für Ilka am anderen Ende war es keine Frage, sich erneut auf die Suche zu machen.

Linh war für die Tage, in denen Yamada Yuuto zu Gast war, vom restlichen Unterricht freigestellt. Für

Ilka, Jabali, Lennart und Michael galt das nur für Tage, an denen Sonderveranstaltungen an der Schule den gewöhnlichen Unterricht ersetzten. Die Teilnahme wurde dann zwar vorausgesetzt, aber andererseits nicht kontrolliert. Da war es durchaus möglich, recht unauffällig zu fehlen oder zumindest teilweise nicht anwesend zu sein. Auch heute war so ein Tag, denn die Vorführung des Großmeisters war etwas sehr Besonderes.

In der Schule hatte sich die Halle bereits gut gefüllt. Alle wollten die Vorführung von Yamada Yuuto mitbekommen. Auch die chronischen Zuspätkommer waren durch die Verschiebung schon fast vollzählig. Nur der Großmeister fehlte.

Der Schuldirektor wandte sich an Linh und fragte, wo der Meister denn bliebe. Die Schüler würden schon unruhig. Er wolle die Begrüßung machen, müsste aber bald wieder weg, weil er noch so viele Dinge zu erledigen habe.

»Es tut mir sehr leid«, entschuldigte sich Linh. »Aber Herr Yuuto ist mal wieder verschwunden. Wir suchen ihn gerade.«

Direktor Stölzer verzog sein Gesicht zu einer säuerlichen Miene. »Also allmählich fällt uns unser Gast doch sehr zur Last«, beschwerte er sich. »Ein

bisschen mehr Verlässlichkeit hätte ich doch von einem Judomeister erwartet! Ich werde die Vorführung absagen und alle Schüler in den Unterricht schicken!«

»Alle?«, fragte Linh entsetzt nach. Sie berichtete dem Direktor, dass sich Ilka, Michael, Jabali und Lennart gerade auf die Suche machen wollten.

Direktor Stölzer nickte und erteilte den Fünf Assen die Erlaubnis, vom Unterricht fernzubleiben, um den »anstrengenden Großmeister« zu suchen.

Linh atmete durch. Dass Yuuto sie so hinters Licht geführt hatte, enttäuschte sie sehr. Aber dass der Direktor auch noch so tat, als sei *sie*, die elfjährige Linh, für sein Verschwinden verantwortlich, ärgerte sie. Und nicht nur das! Scheinbar hielt er es nicht für nötig, selbst etwas zu unternehmen, um ihn wiederzufinden.

»Wir müssen uns aufteilen«, schlug Lennart vor, als die fünf wieder zusammenstanden. »Michael schaut sich noch mal in dem alten Haus um.«

Michael zeigte auf seinen Verband und schüttelte den Kopf. »Ich klettere da nicht noch mal hinein!«

»Es genügt, anzuklopfen oder zu horchen, ob Yuuto sich im Haus aufhält.«

»Wie soll man sich dort aufhalten bei dem Gestank?«, fragte Michael, aber er erklärte sich bereit nachzuschauen.

Jabali sollte zur Bank laufen. Lennart selbst wollte gemeinsam mit Ilka in der Bibliothek nachfragen.

»Und ich bleibe erst mal hier«, bot Linh sich an. »Für den Fall, dass Yuuto plötzlich doch noch hier auftaucht.«

Jabalis Fährte erwies sich schnell als Sackgasse. Er hatte eines der Plakate, auf denen Yamada Yuuto abgebildet war, mitgenommen, zeigte es den Bankangestellten und fragte, ob er heute schon hier in der Bank gewesen sei. Die Bankangestellten verneinten und Jabali setzte sich vor dem Gebäude auf eine Bank.

Lange hielt er es dort aber nicht aus. Jabali war nicht der Typ für Observationen. Er musste sich bewegen. Nach zehn Minuten stand er auf und hüpfte ein wenig auf der Stelle, nach fünfzehn Minuten begann er, im Trippelschritt auf der Stelle zu laufen, und nach einer halben Stunde rannte er durch den Park zurück zur Schule und meldete Linh, dass vom Großmeister nichts zu sehen war.

Ähnlich erging es Michael. Die Tür des alten, stinkenden Hauses war nur angelehnt. Offenbar hatten die Kinder am Vortag vergessen, die Tür hinter sich zu schließen. So konnte Michael ins Haus hinein, rief nach dem Großmeister, hielt sich die Nase zu und durchsuchte im Eiltempo alle Zimmer. Von Yuuto keine Spur.

Nur Lennart und Ilka stießen auf echte Neuigkeiten. Die Bibliothekarin konnte sich nämlich an Yamada Yuuto erinnern: »Er war gestern hier und hat das Buch gesucht.«

»Das Buch?«, wunderte sich Ilka. »Was denn für ein Buch?«

»Ein Buch von Günter Bruhn.«

Ilka und Lennart schauten sich an – und verstanden überhaupt nichts mehr.

»Ein Buch des toten Günter Bruhn?«

»Er ist tot?«, fragte die Dame hinter dem Informationstresen erschüttert. Sie wollte Lennart und Ilka diese Neuigkeit kaum glauben. »Er war doch erst vor ein paar Wochen wieder aufgetaucht, nachdem ich ihn eine Ewigkeit nicht hier gesehen hatte. Ich habe ihn gefragt, wo er all die Jahre gesteckt hat, aber er hat nicht darauf geantwortet. Er sah sehr schlecht aus. Abgemagert und kaum mehr Haare auf dem Kopf. Aber er wirkte wie jedes Mal sehr aufgeregt und bat mich, ihm das Buch wieder auszuhändigen.«

»Was denn für ein Buch?«, hakte Ilka noch mal nach.

»Er hatte mich vor Jahren gebeten, es für ihn aufzubewahren. Ich tat ihm gern den Gefallen. Denn es war ein ganz besonderes Buch.«

»Ein Roman?«, fragte Lennart.

Die Bibliothekarin schüttelte den Kopf. »Ich glaube nicht, aber ich weiß es nicht. Ich konnte es nicht lesen.«

Das wurde ja immer seltsamer, fand Lennart. Jetzt konnten Bibliothekarinnen schon keine Bücher mehr lesen.

»Es war kein gedrucktes Buch«, erklärte die Dame. »Sondern mit schwarzer Tinte in japanischer Handschrift geschrieben. Ein Original. Ein Unikat. Wunderschön. Aber leider kann ich kein Japanisch. Dem Papier und dem Umschlag nach zu urteilen, musste es sehr, sehr alt sein. Und deshalb wohl auch außerordentlich wertvoll. Ich hatte ihn noch gefragt, warum er ein so teures, schönes Buch nicht in einem Bankschließfach aufbewahrt, aber er fand, dort wäre es nicht mehr sicher genug. Er

meinte, in einer Bibliothek würde es niemand vermuten. Da musste ich ihm allerdings recht geben. Dass er nun tot ist ...« Sie schüttelte fassungslos den Kopf.

»Aber vielleicht hatte er es sich jetzt doch anders überlegt und wollte das Buch in ein Schließfach legen«, überlegte Ilka laut.

Die Bibliothekarin nickte. »Ja, das könnte sein.«

Darum also hatte der Großmeister die Bank aufgesucht!, fiel Lennart ein. Aber da er auch kein Buch in der Hand getragen hatte, als er aus der Bank gekommen war, hatte er es wohl auch dort nicht gefunden.

Ilka und Lennart bedankten sich und sausten zurück zur Schule, um den anderen von den Neuigkeiten zu berichten.

Jetzt wussten sie wenigstens, wonach Yamada Yuuto suchte: nach einem alten Buch, geschrieben in japanischer Handschrift!

Für Linh stand fest: »Wir müssen den Direktor einweihen. Höchste Zeit, alles in Bewegung zu setzen, um Yamada Yuuto zu finden.«

Das Vorzimmer des Direktors stand leer. Linh klopfte an die Tür des Büros.

Der Direktor schrie: »Jetzt nicht!«

»Habt ihr was gehört?«, fragte Lennart die anderen scheinheilig.

Alle schüttelten grinsend den Kopf. Außer Michael, der feixend mitteilte: »Der Direktor hat doch deutlich *herein* gesagt, oder?«

Er öffnete die Tür und ließ Linh den Vortritt. Die anderen folgten.

Der Direktor stand am Fenster und fragte erstaunt: »Ich habe doch gesagt ... Was ist das denn für ein Auflauf?«

Linh trat selbstbewusst einen Schritt vor.

»Herr Professor Stölzer«, begann sie. Sie spürte, wie aufgeregt sie war. Ihre Stimme zitterte regelrecht. »Wir ...«, sie warf einen kurzen Blick auf ihre Freunde, »... machen uns große Sorgen um Yamada Yuuto. Er ist unauffindbar. Was ist, wenn ihm was passiert ist?«

Der Direktor atmete einmal tief durch. »Ich muss wirklich sagen, dieser Yuuto kostet mich meine letzten Nerven. Also, bitte.« Mit einer Handbewegung bot er den Kindern an, sich zu setzen. Da es aber nur zwei Besucherstühle gab, blieben alle stehen.

Linh erzählte alles, was sie wussten, in der Hoff-

nung, der Direktor würde jetzt endlich etwas unternehmen.

»Wir glauben, dass Yamada Yuuto Hilfe braucht«, beendete sie ihren Bericht.

Der Direktor runzelte sorgenvoll die Stirn. »Wenn wir öffentlich bekannt geben, dass wir ihn vermissen, dann verlieren wir das Vertrauen verschiedener Geldgeber«, murmelte er vor sich hin. »Das hätte fatale Auswirkungen auf unsere wirtschaftliche Situation.«

Die Kinder warteten gespannt auf eine Entscheidung des Direktors. Doch stattdessen klingelte das Telefon auf dem Schreibtisch.

Der Direktor nahm das Telefonat entgegen. »Ein Interview? ... Mit unserem Gast? ... Nein, jetzt nicht! ... Ja, bestimmt.« Er stellte den Hörer umständlich zurück auf die Basis, schüttelte den Kopf und sagte: »Jetzt meldet sich auch noch ständig die Presse.«

Abwesend ordnete er die Papiere auf seinem Schreibtisch, rückte einen Briefbeschwerer zurecht, suchte scheinbar etwas und wischte dann ein paar Staubkörner von der glatten Tischplatte. Es schien, als hätte er die Kinder für einen Moment ganz vergessen.

»Wir sollten nicht überstürzt handeln!«, schlug er dann vor. »Ich bin sicher, Herr Yuuto taucht in Kürze wieder von selbst auf.«

»Wie können Sie sich da so sicher sein?«, setzte Linh nach.

»Hört mal, Kinder.« Direktor Stölzer ruckelte wieder an dem Briefbeschwerer.

Ilka wollte aber nicht mehr hören. Schon am Tonfall erkannte sie, dass der Direktor wieder nur beschwichtigen wollte.

»Ist das die berühmte Gastfreundschaft unserer Schule?«, fiel sie ihm empört ins Wort.

Der Direktor verschärfte ebenfalls seinen Ton: »Solange wir nichts Konkretes wissen, sollten wir mit solchen wüsten Spekulationen vorsichtig sein. Und ich kann auch nicht gutheißen, dass ihr unserem Gast hinterherspioniert, als wäre er ein Gauner. Ich muss da auch an den Ruf unserer Schule denken. Was sollen unsere Geldgeber denken, wenn wir selbst die wildesten Fantasien in die Welt setzen? Herr Yamada Yuuto ist ein freier Mann und er kann gehen, wohin er will. Ich bin sicher, alles wird sich aufklären.«

Der Direktor ging zur Tür und schien die Fünf

Asse mit dieser Geste zum Rausgehen bewegen zu wollen.

Linh drehte sich zwar zu ihm um, bewegte sich aber keinen Zentimeter von ihrem Fleck weg. Die anderen ebenso wenig.

»Sie meinen also, Sie wollen erst etwas unternehmen, wenn es vielleicht zu spät ist?«

»Ich meine, ihr Kinder schaut zu viele Krimis im Fernsehen!«, wiegelte Direktor Stölzer ab. »Oder was soll ich eurer Meinung nach tun? Einen Suchtrupp der Polizei anfordern? Am besten eine Hundertschaft mit Spürhunden und Hubschraubern? Und während die Polizei sucht, stolziert hier womöglich Herr Yuuto fröhlich in die Schule und sagt, er war nur einkaufen?«

Linh sah ein, dass das wirklich nicht so toll wäre.

»Eben«, triumphierte der Direktor. »Also bitte ...« Mit einer Handbewegung deutete er zur Tür.

»Wir können ja noch ein klein wenig warten«, schlug sie vor. »Aber wenn Herr Yuuto bis heute Nachmittag nicht aufgetaucht ist, dann tun Sie etwas, ja?«

Herr Stölzer überlegte kurz und nickte. »Einverstanden. Wenn er bis 15 Uhr nicht aufgetaucht ist, berät die Schulleitung über nötige Maßnahmen.«

Linh reichte ihm die Hand.

Professor Stölzer schlug ein. »Und jetzt muss ich euch bitten, mich weiterarbeiten zu lassen.«

»Danke«, sagte Linh. Gemeinsam mit ihren Freunden verließ sie den Raum.

Draußen vor der Tür zuckte Linh mit den Schultern. »Ich glaube, mehr konnten wir nicht erreichen.«

Ilka nickte ihr zu. »Find ich auch. Trotzdem habe ich keine Lust, bis heute Nachmittag nur blöde zu warten.«

»Ich auch nicht«, stimmte Jabali zu. »Aber ich hab auch keine Ahnung, was wir tun sollen.«

»Wollen wir noch mal beim Hotel nachfragen, ob Yuuto inzwischen aufgetaucht ist?«, schlug Lennart vor.

Linh schüttelte den Kopf. »Der Portier hat mir fest versprochen, sich bei mir zu melden, wenn Yamada Yuuto zurück ist oder sich sonst was Auffälliges tut.«

Die fünf schlenderten nachdenklich über den Hof zu einem kleinen Rasenstück. Dort blieb Linh stehen und machte einen Kopfstand.

»Was soll das denn?«, fragte Michael.

»Tut mir leid«, antwortete sie. »Aber so kann ich besser denken.«

»So?«, hakte Michael ungläubig nach. »Was ist das denn für ein Schwachsinn?« Er stellte sich vor, wie es aussähe, wenn Wissenschaftler, Professoren, Ingenieure, Chirurgen während ihrer Arbeit immer auf dem Kopf stehen würden, weil sie dann besser denken konnten. Aber er wusste auch, dass Linh es ernst meinte. Auf den Händen gehen, auf einer Hand stehen und dabei beide Beine verdrehen, das waren für Linh ganz gewöhnliche Stellungen.

»Probier's doch einfach mal. Vielleicht hilft es bei dir auch«, redete ihm Linh zu.

Michael verzog sein Gesicht.

»Mein Kopf ist dafür viel zu spitz«, sprang ihm Jabali schnell bei.

»Na, dann müsste es bei Michael aber klappen mit seinem Flachschädel!«, flachste Lennart.

»Besser ein Flachschädel als eine platte Nase!«, drohte ihm Michael mit geballter Faust.

Lennart hob beschwichtigend die Hände.

Ilka ging dazwischen. »Ey, Leute. Wir sollten uns auf die Sache konzentrieren!«

»Auf dem Kopf stehend kann man die Dinge mal anders betrachten und die Gedanken dabei ein bisschen durchschütteln«, versuchte Linh noch mal zu dieser Art Denkhilfe zu ermutigen.

»Gut, lass uns mal schütteln.« Ilka war immerhin bereit, es zu versuchen.

Und schon standen die beiden Mädchen kopfüber vor den drei Jungs, die nur ihre Köpfe schüttelten.

»Und?«, fragte Michael. »Ist euch schon eine geniale Idee von den Füßen in die Birne gerutscht?«

Linh und Ilka schwiegen.

Michael hockte sich auf allen vieren vor die Mädchen, legte den Kopf schräg, um ihnen besser in die Gesichter sehen zu können, und fragte: »Hallo? Schon eingeschlafen?«

»Geh mir aus der Sonne!«, fauchte Ilka ihn an.

»Nein!«, widersprach Linh. »Das ist es!«

»Hä?«, fragte Michael.

Linh gab den Kopfstand auf und kniete nun ebenfalls auf allen vieren neben Michael.

Ilka war gerade froh darüber, wie gut ihr der Kopfstand gelungen war. Aber als Einzige auf dem Kopf zu stehen, fand sie auch blöd. Und so drehte auch sie sich wieder richtig herum.

»Ich sag doch: Die Position zu wechseln, bringt manchmal etwas!«

»Du hattest wirklich eine Idee, weil du auf dem Kopf gestanden hast?«, wollte Jabali wissen. Er konnte es sich nur schwerlich vorstellen.

»Nein!«, gab Linh zu. »Sondern weil Michael auf allen vieren herumgekrochen ist wie ein Hund.«

»Wie ein ...«, wollte Michael gerade widersprechen.

Doch Linh ließ ihn nicht zu Wort kommen, sondern fragte stattdessen in die Runde: »Könnt ihr euch noch an die Sportklub-Typen bei Yuutos Rede erinnern?«

»Klar!«, rief Jabali. »Der eine hätte mich mit seinem Blick beim Rausgehen fast getötet!« Ilka lachte auf. Getötet! Manchmal neigte Jabali zu leichten Übertreibungen.

»Hatten die nicht auch Hunde bei sich?«

»Ja«, erinnerte sich auch Lennart. »Zwei Kampfhunde. Die mussten draußen vor dem Schulgelände bleiben.«

»Genau!« Linh sah in Gedanken die beiden Hunde deutlich vor sich. »Und was trugen die Hunde um den Hals?«

Jabali wusste es nicht auf Anhieb. »Maulkörbe

jedenfalls nicht. Das finde ich unmöglich! Und nicht mal Halsbänder, an denen man sie richtig anleinen hätte konnte, sondern ...«

»Genau!«, rief Linh dazwischen und schnipste mit dem Finger. »Sondern einfache Stofftücher statt der üblichen Lederhalsbänder.«

»Na toll!«, meckerte Michael. »Das wissen wir doch. Wir suchen aber den Großmeister und du sprichst von Hundehalsbändern. Was soll das?«

Linh ließ sich nicht aus der Ruhe bringen und setzte den Gedankengang fort.

»Und der Hund im Garten des alten Hauses?«, fragte Linh. »Der ...«

»... trug auch ein Stofftuch als Halsband«, fiel Ilka ein. »Oder, Jabali?«

Jabali zuckte mit den Schultern. »Ich kann dir genau sagen, wie lang seine spitzen Zähne waren und wie dunkel seine Augen, aber ob er ein Halstuch umhatte ...« Dann schnipste er mit den Fingern. »Doch! Richtig! Der trug auch nur so ein Halstuch. Schwarz-gelb gestreift!«

Linh nickte zufrieden. »Genau wie die Hunde der Sportklub-Typen!«

»Du meinst, die Sportklub-Typen waren am Haus?«, fragte Michael.

Linh nickte. »Sie waren es, die das Haus durchsucht und verwüstet haben.«

»Aber wieso?«, fragte sich Lennart. »Was haben die gesucht? Und was hat das mit Yuuto zu tun?«

»Vielleicht haben sie dasselbe gesucht wie Yuuto«, überlegte Linh. »Und nicht gefunden!«

Michael konnte nicht folgen. »Wieso nicht gefunden? Woher willst du das wissen?«

»Warum sonst sollte Yuuto verschwunden sein?«, fragte Linh zurück.

»Nehmen wir an, die Sportklub-Typen hätten gefunden, was sie gesucht hatten, dann wäre ihnen der Großmeister egal. Yuuto würde sich auf die Suche machen, aber wohl kaum gänzlich von der Bildfläche verschwinden.«

Lennart verstand, was Linh sagen wollte: »Und wäre umgekehrt der Großmeister fündig geworden, wäre er auch wieder aufgetaucht und hätte bestenfalls die Sportklub-Typen auf seinen Fersen.«

»Wieso?«, fragte Michael. »Wenn der eine hinter dem anderen her ist, müssen wir das doch gar nicht unbedingt mitbekommen, oder?«

»Kann sein«, räumte Linh ein. »Wahrscheinlicher finde ich, dass die Typen dem Großmeister während der Suche begegnet sind oder ihm sogar aufgelauert haben und ihn jetzt unter Druck setzen.«

»Mann!«, stöhnte Michael. »Du meinst, der Großmeister ist in Gefahr? Wenn das stimmt, dann ...«

Linh nickte ihm zu. »... vielleicht ist er sogar irgendwo gefangen. Ich würde gern noch mal im alten Haus nachsehen.«

Überfall!

Als die Fünf Asse das Grundstück erreichten, erkannten sie gleich: Das Gartentor und auch das Fenster oben rechts standen offen.

»Hast du das Tor gestern offen gelassen?«, fragte Linh Michael.

Michael zuckte mit den Schultern. »Weiß ich nicht genau. Ich glaube, ich habe es geschlossen.«

»Also lieber erst mal in Deckung«, schlug Linh vor. Alle fünf duckten sich unter die Tannen, huschten dann nacheinander hinter die Mülltonne, von wo aus sie das Haus gut sehen konnten ohne selbst entdeckt zu werden.

»Das Gartentor kann auch der Briefträger offengelassen haben«, überlegte Lennart. »Oder ein Nachbar!«

Wer auch immer. Aber wenn Michael sich richtig erinnerte, dann hatte jemand anderes den Garten betreten. Vielleicht wirklich nur ein harmloser Nachbar. Vielleicht war aber auch jemand im Haus. Einer der Sportklub-Typen womöglich!

Linh fasste sich ein Herz, lief zum Haus und klingelte. Nichts rührte sich.

»Was tut sie da?«, flüsterte Michael.

»Sie klingelt«, erklärte Ilka, aber das sah Michael selbst.

»Und wenn die Sportklub-Typen öffnen und sie in die Mangel nehmen?«, fragte er entsetzt. »Spinnt die?«

Linh hörte Michaels Warnungen nicht. Sie ging halb ums Haus herum bis zum nächsten Fenster, konnte aber nicht hindurchschauen. Die Vorhängge waren zugezogen. Sie klopfte an die Fensterscheibe.

»Die spinnt!«, war Michael jetzt erst recht überzeugt.

»Ich helfe ihr«, entschied dagegen Ilka und rannte los.

Michael wollte sie noch aufhalten, aber da war Ilka schon weg.

»O Mann!«, zischte er. »Diese Mädchen müssen immer alles auf eigene Faust machen!«

Ilka klingelte noch einmal, während Linh weiter ums Haus lief und versuchte, durch eines der Fens-

ter ins Innere zu spähen. Vergeblich. Weder reagierte jemand aufs Klingeln noch konnten sie irgendwo von außen hineinsehen.

Schließlich trafen sich beide vor dem Haus und schauten Schulter zuckend zu den Jungs herrüber, was soviel heißen sollte wie: Niemand da!

»Okay!«, sagte Michael. »Nichts wie weg!«

Aber da hatte er die Mädchen völlig falsch verstanden. Statt zu den Jungs zurückzukehren, winkten sie ihnen heftig zu.

»Was wollen die?«, fragte Jabali.

»Wir sollen zu ihnen kommen«, glaubte Lennart verstanden zu haben.

Die Mädchen deuteten jetzt zu dem offenen Fenster im ersten Stock.

»Ich glaube ...«, wollte Lennart gerade übersetzen, als Michael aufsprang.

»Auf gar keinen Fall!«, rief er und lief auf die Mädchen zu. »Ich klettere da nicht noch einmal hoch!«

Seine Schürfwunden erinnerten ihn noch lebhaft an den misslungenen Sprung. Und niemand wusste, was er in dem Haus vorfinden würde.

»Du musst!«, redete Ilka auf ihn ein.

»Ich muss überhaupt nichts!«, stellte Michael klar.

»Pfeife!«, fuhr Lennart ihn an, der mit Jabali hinter der Mülltonne hervorkam und auf die drei anderen zuging.

Wütend drehte sich Michael nach ihm um. »Was heißt hier *Pfeife*? Dann geh du doch! Wer weiß, wer dort drinnen auf mich lauert?«

»Niemand!«, versicherte Linh ihm. »Sonst wäre jemand zur Tür gekommen oder ein Vorhang hätte sich bewegt, nachdem wir geklingelt haben.«

»Wenn dort niemand ist, muss ich auch nicht hinein!« behauptete Michael.

Doch Linh sah das ganz anders: »Ich glaube nicht, dass die Sportklub-Typen noch da sind. Aber vielleicht ist der Großmeister dort drinnen!«

Michael staunte sie an. »Und warum öffnet er nicht?«

Ilka ließ ihren Blick zum Himmel fahren, klopfte Michael dann leicht gegen den Hinterkopf und fragte. »Vielleicht, weil er nicht kann und unsere Hilfe braucht?«

Michael sah sie ernst an. An diese Möglichkeit hatte er noch gar nicht gedacht.

»Wie kommst du darauf?«

Linh erläuterte es ihm: »Nach Michael war jemand im Haus. Und dieser Jemand war sehr darauf bedacht, dass man nicht ins Haus hineinsehen

kann. Alle Vorhänge sind zugezogen. Möglicherweise ist im Haus etwas, was man von außen nicht sehen soll. Yamada Yuuto ist spurlos verschwunden. Also sehen wir nach, ob er hier ist.«

»Na gut«, antwortete Michael leise mit Blick auf das offene Fenster im ersten Stock. Er konnte noch nicht genau einschätzen, ob und wie stark ihn der Verband am Knie beim entscheidenden Sprung behindern würde.

»Wir hätten ein Seil zur Sicherung mitnehmen sollen«, fiel Lennart ein, als er Michaels nachdenkliches Gesicht sah.

»Dazu ist es jetzt zu spät«, rückte Jabali die Realität wieder zurecht. »Also?«

Er schaute Michael fragend an: »Wie gehabt, du durch das Fenster, wir durch die Tür?«

Michael hob seine rechte Hand. Jabali schlug ein. Michael kletterte auf den Sims. Ilka lief zum Gartentor, um abzusichern, dass sie keinen unangenehmen Besuch bekamen. Linh, Lennart und Jabali sahen Michael nach, der jetzt schon auf dem Rahmen des Fensters stand und sich mit den Händen zum oberen Fenster hangelte.

»Achtung!«, rief Ilka den anderen plötzlich zu. »Da kommt jemand!«

Michael sprang, bekam den Sims vom oberen Fenster zu fassen und baumelte daran.

»Nichts wie weg!«, rief Jabali.

»Was?«, fragte Michael. »Seid ihr verrückt?«

Jabali wollte sich schon hinter der Mülltonne verkrümeln, als Ilka ihm zurief: »Alles okay. Der Typ ist abgebogen!«

»Mann!«, fluchte Michael. »Hast du nicht mehr alle Tassen im Schrank? Ich wäre fast abgestürzt!« Er legte seine ganze Wut in die Kraft seiner Arme und zog sich am Sims hoch.

»'tschuldigung!«, raunte Ilka ihm zu.

Jabali kam wieder hinter der Mülltonne hervor. Lennart und Linh atmeten tief durch. Und Michael sprang ins Haus.

Wenige Minuten später riss er unten aufgeregt die Tür auf. »Schnell! Schnell!«

Linh hatte das Gefühl, ihr blieb das Herz stehen. »Was ist?«

»Der Großmeister!«, sagte Michael nur und rannte los.

Linh folgte sofort. Im Wohnzimmer blieb sie abrupt stehen. Im Halbdunkel der verhängten Fenster erkannte sie Yamada Yuuto. An den Händen gefesselt und mit einem Tuch vor dem Mund stand er in

der Mitte des Raumes an der Säule, gerade so, als ob er sie innig umarmte. Jabali und Ilka rissen alle Vorhänge auf und öffneten die Fenster. Der Gestank war seit dem letzten Besuch noch schlimmer geworden. Das Chaos auch, fiel Ilka auf.

Lennart zog sein Taschenmesser, das er meistens bei sich trug, und versuchte sofort die Fesseln des Meisters aufzuschneiden. Aber der Strick war zu stramm um die Handgelenke gewickelt. Lennart hatte Angst, den Großmeister beim Befreiungsversuch zu verletzen. Linh nahm ihm das Messer ab, das zwar nicht so scharf war wie ihr Bonsai-Werkzeug. Aber mit gewohnt ruhiger Hand, voller Konzentration und großer Vorsicht, gerade so, wie Linh ihre zartesten Bonsai-Bäume beschnitt, gelang es ihr, die Hände ihres Vorbildes und Meisters ohne Schnittwunden zu befreien.

Zum Glück schien Yamada Yuuto auch ansonsten unverletzt. Ilka entknotete das Tuch um seinen Mund. Erleichtert atmete der alte Mann schwer aus.

»Danke, Kinder«, schnaufte er. »Das habt ihr wirklich gut gemacht.« Er rieb sich die schmerzenden Handgelenke.

»Was ist passiert? Wer hat sie hier einfach so

stehen lassen?«, fragte Linh. Sie stellte sich vor, was passiert wäre, wenn sie nicht noch mal in dieses Haus gekommen wären. Vielleicht wäre der Großmeister dann an dieser Säule in den nächsten Tagen schlicht verdurstet.

»Wasser!«, fiel ihr ein. Bittend schaute sie Lennart an, der sofort in die Küche flitzte.

Jabali war schneller. Weil er eigentlich immer lief, hatte er auch so gut wie immer eine Wasserflasche dabei. Wie ein Westernheld seine Pistole zog Jabali blitzartig seine Wasserflasche hervor und reichte sie dem Meister.

Linh hob einen der umgekippten Stühle auf und schob ihn direkt hinter den Meister. Mit einem langen Seufzer nahm Yamada Yuuto Platz. Erleichterung stand ihm ins bleiche Gesicht geschrieben. Dankend nahm er das Wasser und trank die Flasche fast in einem Zug leer.

»Brauchen Sie noch etwas anderes?«, fragte Ilka besorgt und schaute dabei in ihr Notfalltäschchen, das sie am Gürtel trug. Verband, Pflaster, Wundgel oder Eisspray konnte sie jetzt nicht gebrauchen. »China-Öl vielleicht?«

Ilka schaute Yamada Yuuto mit ihrem fürsorglichen Augenaufschlag an.

»China-Öl ist immer gut«, unterstrich Linh Ilkas Angebot.

Dem Meister huschte ein leises Lächeln über die spröden Lippen. »Nein, nein. Vielen Dank!«

Langsam stieg auch wieder etwas Farbe in sein kalkweißes Gesicht.

»Wer war das?«, wagte Linh ihre Frage zu wiederholen.

»Vier Maskierte. Sie müssen mich beobachtet haben. Denn gerade als ich das Buch in diesem durchwühlten Chaos gefunden hatte, sind sie hier eingedrungen und haben mich ...«, er drehte sich um und zeigte auf ein Netz in der Ecke, wie es die Fischer zum Fischfang verwenden, »... mit diesem Netz gefangen. Ich hab nicht aufgepasst, weil ich hier mit keinem Angriff gerechnet hatte. Ein grober Fehler. Einer hat das Buch sofort an sich gerissen und ist damit verschwunden. Die anderen haben mich gefesselt und sind ihm dann hinterher. Den Rest kennt ihr.«

»Ein Buch? Etwa dieses seltsame Buch von Gustav Bruhn?«, fragte Lennart.

»Ihr wisst davon?«, staunte Yuuto.

Linh berichtete ihm kurz, was sie bisher herausgefunden hatten.

Yuuto nickte mit traurigem Blick. »Es ist an der Zeit, euch in das Geheimnis dieses Buches einzuweihen. Vermutlich hätte ich es viel eher tun sollen.«

Jabali und Michael setzten sich auf ein umgekipptes Regal, Ilka packte ihr Notfalltäschchen wieder ordentlich zusammen und setzte sich auf den Fußboden vor Jabali, sodass sie sich an seine Beine anlehnen konnte. Lennart hockte auf einem umgestülpten Papierkorb und Linh im Judo-Sitz auf dem Sofa. Alle waren gespannt, welches Geheimnis der Meister jetzt enthüllen würde.

Yuufos Geheimnis

Alle spürten, dass es dem Großmeister immer noch schwerfiel, das Geheimnis zu verraten, aber endlich begann er zu erzählen.

»Die Ursprünge der japanischen Selbstverteidigungskünste wurden zwischen dem 8. und 10. Jahrhundert von chinesischen Mönchen nach Japan gebracht und dort an den Höfen der Fürsten von den Samurai, der Kriegerkaste, ausgeübt. Im Jahre 1868 dann wurde das fast siebenhundert Jahre dauernde Shogunat abgeschafft. Der Kaiser übernahm wieder die Macht im Lande und besiegelte das Ende der Samurai. Sie mussten alle ihre Waffen ablegen. Aber auch die Kunst des waffenlosen Kampfes und der Selbstverteidigung geriet zunehmend in Vergessenheit. Erst Jigoro Kano, der bei den wichtigsten alten Jiu-Jitsu-Meistern seiner Zeit gelernt hatte, suchte das zugrunde liegende Prinzip aller alten Kampftechniken und befreite die alten Kriegskünste von allen gefährlichen Elementen. Stöße, Schläge, Tritte und viele Hebeltechniken wurden ersatzlos gestrichen. Die verbliebenen Techniken ermöglichten einen sportlichen Zweikampf, ohne dass größere Verletzungen zu befürchten waren. Diesen neuen Sport nannte er Judo. Das heißt so viel wie ›flexibler Weg‹. Dabei sollen vorhandene Kräfte möglichst effektiv eingesetzt werden. Aber man sollte nie vergessen, dass Judo trotz seiner sportlichen Ausrichtung, die ich begrüße, vor allem eine Kampfkunst war und ist!«

Linh lauschte andächtig den Worten des Meisters. Michael hingegen wusste nicht so recht, warum Yuuto ihnen einen spontanen Vortrag über die Geschichte des Judo hielt. Er jedenfalls fand das ein wenig langweilig und musste ein Gähnen unterdrücken. Auch Lennart begriff nicht so ganz, worauf Yuutos Vortrag hinauslaufen sollte. Im Gegensatz zu Michael aber fragte er danach.

Der Großmeister sah ihn aufmerksam an. »Der Kern liegt in der Entfernung aller gefährlichen Elemente, die in den alten Kampftechniken der Samurai noch enthalten waren«, erklärte er. »Denn diese gefährlichen Elemente sind nicht vergessen, sondern manifestiert.«

»Mani... was?«, fragte Michael.

»Aufgeschrieben«, übersetzte Ilka.

»Genau!«, stimmte der Großmeister zu. »Und zwar in diesem ebenso wertvollen wie gefährlichen Buch.«

»Was?« Linh fuhr hoch.

»Ja«, bestätigte der Großmeister. »Alle verbotenen Techniken und gefährlichen Würgegriffe, besonders aber auch alle tödlichen Kampfgriffe sind in diesem Buch aufgezeichnet.«

»Tödlich?« Linhs Stimme überschlug sich fast. »Das gibt es doch gar nicht!«

Yuuto nickte. »Doch. Natürlich. Die Samurai waren Krieger, Linh.«

»Tödliche Griffe?«, staunte Michael. »Aber die gibt es doch in anderen Kampftechniken auch. Karate zum Beispiel. Oder die alten Schwertkämpfe und so.«

»Sicher«, gab Yuuto zu. »Den Menschen sind wahrlich unzählig viele Methoden eingefallen, sich gegenseitig zu töten. Aber das Besondere am Judo ist eben gerade, dass sämtliche gefährlichen und tödlichen Griffe gelöscht wurden. Judo ist mehr als ein Sport. Es ist eine grundlegende Art zu leben. Und ihr wesentlicher Kern ist die Friedfertigkeit, versteht ihr?«

Linh nickte eifrig. Für sie war es selbstverständlich, aufrichtig, hilfsbereit und bescheiden zu sein.

Yamada Yuuto freute sich, wie sehr Linh ihn verstand. »Und deshalb wäre es verheerend, wenn man die gefährlichen Kampftechniken aus den alten Aufzeichnungen hervorholen und wieder aufleben lassen würde.«

Lennart fing an zu begreifen. »Und diese alten Techniken stehen alle in dem gestohlenen Buch?«

Yuutos Gesicht verzog sich zu einer traurigen Miene. »Ja! Es ist vermutlich das einzige Buch, in dem sie noch beschrieben sind. Ich habe es vor vierzig Jahren meinem guten Freund Gustav Bruhn überlassen. Viele sind hinter diesem Buch her. Einflussreiche Leute würden jeden Preis dafür bezahlen. Jeder einzelne Griff würde in einschlägigen Kreisen hoch gehandelt. Für dieses Wissen würden Millionen geboten. Niemand hatte es bei Gustav vermutet. Er hatte es zeit seines Lebens wohl verwahrt...« Yamada Yuuto legte seinen Kopf in die Hände und fügte mit verzweifeltem Gesichtsausdruck an: »... bis vor einigen Wochen. Irgendjemand hat es herausbekommen. Ich weiß nicht, wie. Aber Gustav fühlte sich verfolgt. Ich habe mich sofort um die Reise hierher bemüht. Er hat mir aber leider nicht

gesagt, wer ihm zusetzte. Und ich kann ihn jetzt nicht mehr fragen, weil er überraschend starb.«

»Wurde er ...?«, wollte Jabali fragen, brachte seine Vermutung aber nicht über die Lippen.

»Nein, nein!«, beruhigte Yuuto. »Er ist einfach auf der Straße umgekippt. Herzinfarkt! Die Polizei hat keine Angehörigen gefunden. Die Stadt hat ihn begraben, aber um das Haus kümmert sich seitdem niemand.«

»Er bekommt ja sogar noch Post«, erinnerte Linh.

Yuuto nickte. »Weil ihn niemand abmeldet, bei den Versicherungen und so. Ich werde das später erledigen müssen.«

Der Großmeister verstummte.

Alle schwiegen. Es entstand eine andächtige Pause, die keiner der Fünf Asse zu unterbrechen wagte. Linh sah, wie sich die Augen des Großmeisters schlossen. Sie spürte, wie sich der Raum mit Trauer um seinen toten Freund füllte.

Nach einer Weile öffnete Yamada Yuuto seine Augen, erhob sich und ging in dem durchwühlten Raum auf und ab. Endlich beendete er sein Schweigen.

»Ich muss das Buch wiederfinden, bevor die dunklen Kräfte das alte geheime Wissen in unverantwortlicher Weise über den gesamten Erdball verstreuen.«

»Dann könnte man die tödlichen Techniken bestimmt bald überall im Internet nachlesen oder zumindest dort kaufen«, überlegte Jabali laut.

Der Großmeister sah ihn entsetzt an. Er schien sich die Katastrophe gerade vorzustellen.

»Du hast recht«, sagte er zu Jabali. »Und deshalb drängt die Zeit. Vielleicht könnt ihr sogar dabei helfen. Ihr kennt euch hier schließlich besser aus als ich.«

»Klar helfen wir!«, rief Michael entschlossen in die Runde.

Die Frage war nur, wie?

»Woher konnten die Diebe überhaupt wissen, dass das Buch sich hier im Haus von Gustav Bruhn befand?«, fragte Ilka.

Der Großmeister runzelte die Stirn. »Da gab es erst vor ein paar Monaten ein Missgeschick«, erzählte er. »Ein deutscher Verleger hatte in meiner Biografie erwähnt, dass ich einen Teil meiner Studienzeit in Deutschland verbracht habe.«

»Ich denke, Sie waren nie zuvor in Deutschland?«, wunderte sich Lennart.

»Ja, solange das die Leute glaubten, war das

Buch hier bei Gustav an einem sicheren Platz. Niemand wusste, dass Gustav und ich uns überhaupt kennen.«

»Ach so! Daher Ihr gutes Deutsch!«, unterbrach ihn Michael. »Aber wo ist das Problem?«

»Leider erwähnte diese Biografie außerdem, dass ich mich hier um die Ausbildung eines Jungen gekümmert habe.«

»Stimmt, das habe ich gelesen!«, fiel Linh ein. »Und dieser Junge war ...«

»Gustav Bruhn, ja«, antwortete Yuuto. »Er war damals zwölf Jahre alt. Seit dieser kleinen Veröffentlichung war Gustav mehrfach von Reportern auf mich angesprochen worden. So müssen auch die Diebe eine Verbindung von Gustav zu mir und dem begehrten Buch hergestellt haben. Gustav gab jedenfalls keine Auskünfte. Wir wollten nicht, dass sich diese Information über unsere Beziehung noch weiter verbreitet. Wir befürchteten, dass wir dadurch das Versteck unnötig gefährden. Aber die Presseleute ließen einfach nicht locker.«

»Von welcher Zeitung kamen die denn? Wissen Sie das auch?«, fragte Ilka.

»Zeitung? Das war keine Zeitung. Ich glaube, das war eine Art Magazin. Meine Erinnerungen sind etwas verschwommen. Ich konnte ja nicht wissen, dass das mal wichtig sein würde. Wie hieß das Magazin gleich ...?«

Seine Augen verdrehten sich, als ob er versuchen wollte, dort oben in seinem Kopf Ordnung zu schaffen.

»Ich erinnere mich ... ja ... noch vage ... an eine, die er erwähnte.« Yuuto schien sein Gedächtnis sehr gründlich zu durchsuchen. »Irgendwas mit Fitness ... war das Fitness? Ja, ich glaube. Fitness-Feuer oder Fitness-Fever, gibt es so etwas hier?«

»Sie meinen *Fighting Fever*!« Michael sprang auf. »Der Kampfsportklub!«

»Was?« Der Großmeister kam nicht mehr mit. »Was für ein Klub?«

Linh erzählte, wie sie darauf gekommen waren, noch mal in Gustav Bruhns Haus nachzusehen.

»Moment, Moment!« Yuuto ging jetzt alles ein wenig zu schnell. »Wieso noch mal? Wart ihr vorher schon hier gewesen?«

Linh nickte und erzählte dem Großmeister in Kurzform die ganze Suche nach ihm. »Na ja, und dann strich hier ein Hund herum, mit einem schwarz-gelben Halstuch. Und genau solche Halstücher trugen zwei Hunde, die vor der Schule war-

ten mussten, als Sie Ihren Vortrag gehalten haben.«

»Gehörten die Hunde zu den beiden, die den Saal verlassen haben?«, fragte Yuuto.

»Genau«, übernahm Michael wieder das Wort. »Diese Quadratschädel-Typen! Die kamen ja aus verschiedenen Kampfsportklubs. Aber einer davon heißt *Fighting Fever*. Und die haben auch so eine Mitgliederzeitung.«

»Woher weißt du das alles?«, fragte Ilka, die jetzt aufstand und sich streckte. »Ich dachte, du kannst solche Quadratschädel nicht ausstehen?«

Auch Linh, Lennart und Jabali staunten, dass Michael sich ausgerechnet in dieser Szene so gut auskannte.

»Manche Mitschüler lesen ab und zu diese Zeitschrift. Ich hab mal in einer geblättert. Da stand auch einiges über den Klub Fighting Fever. Voll ätzend, sage ich euch. Ich glaube, da werden nur Türsteher und Leibwächter ausgebildet. So sehen die jedenfalls aus. Als Klub-Logo haben die einen Hai mit besonders langen und spitzen Zähnen. Das passt zu denen.«

»Pitbull würde besser passen«, fand Jabali.

Linh fragte: »Welche Farbe?«

»Wie? Welche Farbe? Weiß natürlich, oder welche Farbe haben deine Zähne?« Michael verstand die Frage nicht.

»Das Logo«, erklärte Linh. »Welche Farbe hat das Logo?«

»Schwarzer Hai auf gelbem Grund.«

»Schwarzer Hai?«, wunderte sich Jabali. »Ich kenne nur den Weißen Hai!«

»Schwarze Schafe gibt es eben überall«, warf Ilka ein.

»Schwarz-gelb!«, unterbrach Linh. »Wie es Michael gesagt hat: Die Halstücher der Hunde von diesen Quadratschädel-Sportklub-Typen waren doch auch schwarz-gelb!«

»Genau!«, stimmte Ilka zu. Sie bückte sich und hob das Tuch auf, mit dem Yamada Yuuto geknebelt worden war. Es hatte zwar kein Hai-Logo, war aber schwarz-gelb.

»Also...«, begann Lennart, »ich versuche mal zusammenzufassen.« Er rutschte unruhig auf dem Papierkorb herum. »Die Klubleute haben, getarnt als Presseleute, versucht, über Gustav Bruhn etwas über den Verbleib des Buches zu erfahren. Gustav Bruhn bangt um das sichere Versteck, ruft den Großmeister zu Hilfe und holt das Buch in der

Bibliothek ab, um es ihm zurückzugeben. Möglicherweise haben die Quadratschädel ihn da schon beobachtet. Noch bevor es zur Übergabe kommt, stirbt Gustav Bruhn. Herr Yuuto kommt angereist, sucht das Buch ...«

»Waren Sie deshalb immer aus der Schule verschwunden?«, fragte Linh.

Yamada Yuuto nickte. »Ich hatte verschiedene Termine: mit dem Bestattungsunternehmer, dem Friedhofsgärtner, einigen Nachbarn von Gustav und so weiter, um so viel wie möglich herauszubekommen. Ich wollte nicht, dass sich jemand an meine Fersen heftet.«

»Aber genau das ist offenbar passiert«, glaubte Linh. »Die Sportklub-Typen haben Sie verfolgt, weil auch sie noch immer das Buch suchen.«

»Und als Sie das Buch hier im Haus gefunden haben«, ergänzte Jabali, »wurden Sie überfallen.«

Der Großmeister nickte. »So war es wohl. Aber damit wissen wir noch immer nicht, wo sich das Buch jetzt befindet. Wir können schlecht bei jedem Mitglied des Sportklubs eine Hausdurchsuchung durchführen.«

Ilka beendete endlich ihre Streckübungen und sagte: »Es hilft nichts. Wir müssen irgendwie an die

Typen heran, um herauszubekommen, wer von ihnen das Buch verwahrt.«

»Wie willst du das denn machen?«, brauste Michael auf. »Wir können uns ja wohl kaum unbemerkt unter die Quadratschädel mischen.«

Ilka zuckte mit den Schultern. »Weiß ich auch nicht. Trotzdem: Immerhin kennen wir das Zentrum der Diebe. Also müssen wir dorthin. Irgendwie.«

»Du kannst ja dort Mitglied werden«, schlug Lennart Michael vor. »Du bist doch auch so ein Muskelprotz.«

»Blödmann!«, fuhr Michael ihn an. »Ich bin aber kein Quadratschädel!«

»Aber Linh!«, rief Ilka.

Linh schaute Ilka komisch an. »Wieso habe ich einen Quadratschädel?«

Ilka lachte. »Das meinte ich nicht. Aber du machst Kampfsport. Und genau das bietet der Klub doch an, oder?«

Michael nickte. »Stimmt!«

Linh legte verschiedene Papierstapel, die noch durchwühlt auf dem Sofa lagen, zur Seite, um sich in eine andere Sitzposition zu bringen. Es war ihr irgendwie unangenehm, zwischen Unterlagen eines Verstorbenen zu sitzen.

»Ilka hat recht«, sagte sie, nachdem sie kurz über den Vorschlag nachgedacht hatte. »Ich werde mich dort für ein Probetraining anmelden. Vielleicht bekomme ich dann schon einiges heraus.«

Yamada Yuuto hörte den fünfen aufmerksam zu, schwieg aber.

»Dann mache ich das auch«, schlug Michael vor. »Wir können Linh doch da nicht allein hingehen lassen.«

»Genau!«, freute sich Lennart. »Du bist eben doch ein Quadratschädel, Michael!«

»Ne«, wies Michael zurück. »Aber ich könnte ja so tun, als ob ich einer werden wollte. Ich melde mich gleich nach Linh zu einer Probestunde für das Krafttraining an. Dann werden wir nicht in Verbindung gebracht.«

Plötzlich ganz Feuer und Flamme holte er sein Handy aus der Hosentasche, ließ sich über die Auskunft die Nummer des Klubs geben und hatte bereits gewählt, als er der verdutzten Linh sein Handy übergab.

»Klub Fighting Fever, guten Tag, wie kann ich Ihnen helfen?«, fragte eine freundliche Frauenstimme am anderen Ende der Leitung, als Linh das Handy an ihr Ohr nahm. Linh war überrascht – sie hatte mit der brummigen Stimme eines Quadratschädels gerechnet.

»Ähm ... guten Tag, ähm ... ich möchte bei Ihnen Mitglied werden«, sagte Linh.

»Gern. Kein Problem. Wie alt bist du denn?«, fragte die Frau.

»Wie alt?«, wiederholte Linh. Sie schaute Hilfe suchend zu Michael. Der zeigte mit dem Daumen nach oben. Linh verstand nicht und versuchte, mit einer Gegenfrage etwas Zeit zu gewinnen: »Ab welchem Alter trainieren Sie denn die Mädchen?«

»Ab vierzehn Jahren frühestens. Aber wir haben auch Kindergruppen.«

Linh war erst elf. Wie sollte sie sich glaubhaft drei Jahre älter machen, wo sie doch ohnehin schon ein Jahr jünger aussah, als sie tatsächlich war? Und in eine Kindergruppe wollte sie auf keinen Fall. Linh verzog das Gesicht.

Zum Glück beendete die Frau die Redepause und fragte: »Hast du denn schon Vorkenntnisse?«

Wieder wusste Linh nicht, was sie darauf antworten sollte. Welche Antwort war jetzt gut? Die Wahrheit, dass sie bereits Judo-Schulmeisterin war und darüber hinaus etliche Wettkämpfe gewonnen hatte, ihr Trainer sie als größtes Talent der vergange-

nen zehn Jahre ansah? Wohl kaum. Aber so zu tun, als wäre sie eine blutige Anfängerin und wüsste noch von gar nichts, konnte sich Linh auch nur schwer vorstellen.

»Vorkenntnisse?«, wiederholte sie die Frage in der Hoffnung, Michael würde ihr ein Zeichen für die richtige Antwort geben. Das hatte er nun davon. Statt sich vor dem Telefonat mit ihr in Ruhe über mögliche Fragen abzusprechen, hatte er übereifrig die Verbindung hergestellt. Linh stotterte jetzt im Gespräch mit der Frau ratlos herum. Immerhin: Michael schüttelte jetzt heftig den Kopf.

»Also, Vorkenntnisse ... ähm ... hab ich eigentlich keine«, schwindelte sie. Linh konnte nicht lügen, ohne dass sie dabei knallrot anlief. Zum Glück konnte die Frau Linh nicht sehen und erläuterte: »Mädchen, die bei uns anfangen, sollten besser keine Vorkenntnisse haben. Wir wollen sie nach einem bestimmten Schulungsplan auf den Kampfsport vorbereiten.«

»Aha. Gut.« Linh war erleichtert. Ihre kleine Schwindelei war goldrichtig gewesen. »Ich bin ... also ...«, stotterte sie und fand erleichtert eine Antwort, bei der sie nicht lügen musste: »Ich freue mich schon riesig auf meinen vierzehnten Geburtstag!«

»Dann komm zu einem Probetraining vorbei. Außerdem benötigen wir auch noch die Einverständniserklärung deiner Eltern.«

»Und wann kann ich kommen?«, fragte Linh, während sie überlegte, wie sie die Einverständniserklärung ihrer Eltern besorgen sollte. Die würden sich wundern, weshalb sie zusätzlich zu ihrem Judoverein und dem Sportgymnasium noch in einem dubiosen Sportklub Mitglied werden wollte. Besser war, schon beim Probetraining herauszubekommen, was sie wissen wollte.

»Ihr seid toll, Kinder!« Mit einem Mal schien Yamada Yuuto wie aus einem bösen Traum erwacht. Die Hilfe und das Engagement der Fünf Asse ließen in ihm offenbar wieder die realistische Hoffnung aufkeimen, das Buch tatsächlich zurückzubekommen.

»Ich bin sicher, die – wie nennt ihr sie? – Quadratschädel werden versuchen, das Buch oder einzelne Techniken zum Höchstpreis anzubieten.« Yamada Yuutos Augen blitzten wieder, wie es Linh von Anfang an bei ihm beobachtet hatte. »Aber ganz so einfach werden sie es nicht haben. Denn das Buch besitzt eine spezielle Sicherung.«

»Echt?«, fuhr Michael dazwischen. »Es kann sich selbst zerstören?«

»Wie bitte?«, fragte Yuuto verwundert.

»O Mann, Michael«, stöhnte Lennart. »Du siehst echt zu viel fern!«

»Wieso?«, wehrte sich Michael. »Könnte doch sein!«

»Das Buch ist über hundert Jahre alt, du Knalltüte!«, erinnerte ihn Ilka.

Michael verstummte.

Und der Großmeister fuhr fort: »Das Buch ist nicht in einfachem Japanisch geschrieben, wie man auf den ersten Blick denken könnte. Sondern in dem sehr alten, kaum noch bekannten Ostland-Dialekt Azuma, wie er von den Azuma-Kriegern im 8. Jahrhundert benutzt wurde. Dieser Dialekt ist wie eine Codierung. Ohne einen der wenigen Experten für diese alte Sprache der Krieger wird der Leser es nicht entziffern können. Der Dieb wird schnell erkennen, dass er zwar einen Schatz in seinen Händen hält, diesen aber nur mithilfe eines Übersetzers heben kann. Darum hat der Dieb zwei Möglichkeiten: Entweder er versucht, es ungelesen an den Höchstbietenden weiterzureichen, oder er macht sich vorher auf die Suche nach einem der wenigen Experten für diesen Dialekt. Dafür gibt es weltweit nur ein paar wenige Spezialisten. Ich denke, hier liegt unsere Chance.«

Einsatz für Linh

Linh war fürchterlich aufgeregt, als sie vor dem Sportklub stand. Aber sie versuchte, sich nichts anmerken zu lassen. Sie atmete noch einmal tief durch, schaute zu Jabali, der etwas abseitsstand und ihr ermutigend beide Daumen entgegenstreckte, öffnete dann die Tür und trat pünktlich fünf vor drei ein.

Ihr Atem stockte: Eine Wolke aus Schweiß, heißem Gummi und alten Socken schlug ihr entgegen. Sie hielt sich die Hand vor die Nase und ging mit zögerlichen Schritten tiefer in den Raum.

Mitten in der Duftwolke saß eine Frau am Empfangstresen, die Linh sofort vertraut vorkam. Augenscheinlich war sie wie Linh Vietnamesin. Sie war in einen Monitor vertieft und schaute erst auf, als Linh sie begrüßte.

»Guten Tag, ich habe gestern angerufen. Ich soll heute ein Probetraining machen.«

»Ja, ich erinnere mich«, behauptete die Frau, ver-

zog aber sogleich ihre Miene zu einem skeptischen Blick. »Ich hatte dir ja gesagt, erst ab vierzehn, oder?«

Linh nickte und schaute auf ihre Füße, damit die Frau ihre roten Wangen nicht sofort sehen konnte, wenn sie schwindelte.

»Na ja, ich wirke halt wesentlich jünger«, antwortete Linh. Und das war noch nicht einmal gelogen. »Sie wissen schon ...«

»Jaja!«, lachte die Vietnamesin hinter dem Tresen. »Geht mir auch immer so. Besonders für Europäer sehen wir Asiatinnen immer jünger aus.«

Linh ließ ein kurzes Lächeln aufblitzen. Die Frau verstand sie.

Doch ganz so leicht, wie Linh gehofft hatte, wurde es dann doch nicht. Die Frau beugte sich über den Tresen und fügte hinzu: »Aber ich bin keine Europäerin. Und für mich siehst du auch nicht gerade aus wie vierzehn!«

»Was soll ich Ihrer Meinung nach dagegen tun?«, konterte Linh. »Mir einen Bart ankleben?«

Die Frau lachte. »Du gefällst mir. Bitte setz dich doch einen Moment, ja? Ich bin gleich wieder für dich da. Hier geht es gerade mal wieder drunter und drüber.«

Linh kletterte auf einen der Barhocker vor dem Tresen. Sie hasste diese unbequemen Dinger, weil sie mit ihren kurzen Beinen die Querstrebe für die Füße nicht erreichen konnte.

Aus der Richtung, in die die Frau verschwunden war, drangen aggressive Männerstimmen. Dort gab es offensichtlich einen Streit. Linh spitzte die Ohren, doch gerade als sie glaubte, ein paar Worte verstehen zu können, tauchte ein Mann in einem schwarzen Kampfsportanzug auf. Die Haare kurz geschoren, mit einem Nacken wie ein Stier. Ein Quadratschädel!

»Zum Probetraining?«, fragte er Linh.

Linh hatte Glück. Er schien keinen Zweifel an ihrem Alter zu haben. »Ja«, antwortete sie. »Ich soll hier warten.«

»Wer sagt das? So ein Quatsch. Wir haben gerade angefangen. Also los!«

»Aber, ich sollte erst um drei ...« Linh konnte nicht zu Ende sprechen.

»Nix da. Wenn du mitmachen willst, dann aber dalli. Runter vom Stuhl, raus aus den Schuhen, weg mit den Socken und rauf auf die Matte«, befahl der Quadratschädel. Training in Jeans? Das hatte Linh ja noch nie gehört!

Sie legte ihre Trainingstasche beiseite, in die sie ohnehin nur normales Sportzeug gepackt hatte, und trottete brav hinter ihm her in die Trainingshalle.

»… Kinderkram«, hörte sie gerade noch einen Jungen sagen, der mit vier anderen am Rand der Matte stand. Alle trugen, wie Linh, noch keinen besonderen Anzug, noch nicht einmal einfache Trainingssachen, sondern standen barfuß mit hochgekrempelten Hosen da.

Nur der eine Junge, für den offenbar alles Kinderkram war, trug bereits einen Kampfsportanzug mit einem weißen Gürtel. Beim Anblick des Trainers brach er sofort ab, kaute auf seinem Kaugummi und grinste. Linh erkannte sofort, weshalb. Sie war das einzige Mädchen, außerdem die Kleinste und vermutlich auch die Jüngste.

»Gut, jetzt also noch mal. Wir lernen heute einen Hüftwurf ohne Ausheben, das Fallen und Abklopfen.«

Der Trainer rief einen der Jungen zu sich und demonstrierte an ihm wie in Zeitlupe, was er meinte. Danach stellte er die Paare für die Übungen zusammen.

»Jetzt seid ihr dran! Und vergesst nicht!«, rief er

noch mal laut und schaute besonders dem kauenden Großmaul eindringlich in die Augen. »Abklopfen mit ausgestrecktem Arm bedeutet, Übung sofort unterbrechen! Wenn der andere Stopp ruft, genauso.«

»Hast du gut zugehört, Kleines?«, fragte das Großmaul, das ausgerechnet Linh zugeteilt war, und wandte sich ihr zu.

Zeige deinen Respekt gegenüber jedem Übenden durch eine ordentliche Verneigung. Wie automatisch verbeugte Linh sich, hielt aber schnell inne.

Nicht hier!, schoss es ihr durch den Kopf. Von Verbeugung hatte der Trainer nichts gesagt.

Da fasste sie der Junge schon an der Schulter und drückte sie nach hinten.

Linh ließ es mit sich geschehen. Sie spürte, das Großmaul glaubte noch an seine Muskelkraft. Er wusste nichts von der Kraft des Nachgebens, von der Ausnutzung der Kräfte des Gegners. Statt Linh geschickt zu werfen, drückte er sie plump zu Boden. Linh ließ sich fallen und klopfte mit ausgestrecktem Arm auf die Matte. Aber es folgte kein Stopp! Der Junge drückte weiter an ihrer Schulter herum, es fehlte nur wenig, und sein Ellenbogen

wäre auf ihrem Kehlkopf gelandet. Linh klopfte noch mal und noch mal.

»Stopp!«

Das Großmaul reagierte nicht.

Linh sah aus dem Augenwinkel, dass der Trainer mit dem Rücken zu den Übenden Springseile an einem Haken ordnete.

Wieder klopfte Linh und forderte: »Stopp!«

Keine Reaktion.

Den Kopf ruckartig zur Seite drehen, den Gegner mit einer Hüftdrehung blitzschnell aus dem Gleichgewicht bringen, um ihn mit einem seitlichen Schulter- und Armhebel festzuhalten. So stand es im Lehrbuch. Aber Linh brauchte kein Buch. Es war ihr durch unzählige Trainingsstunden in Fleisch und Blut übergegangen, wie sie sich aus so einer Situation befreien konnte. Intuitiv folgte Linh ihrer inneren Stimme. Man hätte nicht einmal bis drei zählen können, da sah die Welt schon ganz anders aus. Der Junge lag rücklings auf der Matte und zappelte hilflos mit Händen und Füßen. Alles andere konnte er nicht mehr bewegen. Linh hatte ihn mit ihrem Knie festgesetzt und fixierte ihn zusätzlich mit ihren Armen.

»Hast du Kaugummi in den Ohren?«, zischte Linh ihn an. »Stopp heißt stopp! Ist das klar?«

Der Junge hatte nicht mal mehr einen Arm frei, um abzuklopfen. Laut Stopp rufen mochte er nicht. Dann hätten alle anderen mitbekommen, wie er unter dem kleinen Mädchen lag und sich ergeben musste.

»Ob du das verstanden hast?«, giftete Linh ihn an. Sie verlagerte ihr Knie an eine empfindlichere Stelle seines Arms.

»Ja, ja«, wimmerte der Junge.

»Was macht ihr denn da für Verrenkungen?« Plötzlich stand der Trainer direkt neben ihnen.

Linh löste ihr Knie von dem Jungen und antwortete mit der Stimme einer zierlichen, kleinen Vietnamesin: »Sorry, wir haben uns versehentlich etwas verknotet.«

Sie entließ den Jungen vollends aus ihrem Haltegriff und lächelte den Trainer freundlich an. Der Junge richtete sich auf und zupfte völlig verdattert an seinem schicken Kampfanzug, der ihm aus dem Gürtel gerutscht war.

Der Trainer schmunzelte. »Das genügt fürs Erste«, beendete er überraschend früh das Training.

Kurz darauf stand Linh wieder im Foyer und zog ihre Schuhe an. Am ansonsten verlassenen Empfangstresen stand ein alter Mann.

Ein Japaner!, erkannte Linh sofort. Sie hatte nicht das Problem der Europäer, Asiaten nicht auseinanderhalten zu können. Der alte Mann war eindeutig ein Japaner! Mindestens so alt wie Yamada Yuuto.

Und was hatte der gesagt? Das Buch war in einem japanischen Dialekt geschrieben, für den man einen Übersetzer benötigte. War Linh auf der richtigen Spur?

Der Mann schaute sie an und nickte zur Begrüßung. Linh nickte freundlich zurück und kniete sich schnell hin, als ob sie ihren Schnürsenkel binden müsste.

Der Japaner schien auf etwas zu warten. Nie und nimmer will der hier trainieren, dachte sich Linh.

Aus dem hinteren Raum drang ein wildes Durcheinander von Männerstimmen in mindestens zwei Sprachen. Deutsch und Japanisch, hörte Linh heraus. Obwohl sie außer ihren Judobegriffen kein Japanisch sprach, verstand sie einzelne Worte. Sie lauschte konzentriert, trotzdem gelang es ihr nicht, herausbekommen, worum der Streit ging. Da! Wieder ein Wort, das sie kannte. »Nami-Juji-Jime.« So wurde ein bestimmter Würgegriff genannt.

»Das kann doch nicht sein!«, brüllte einer auf

Deutsch. »Ich hab es mit lauter Analphabeten zu tun! Ich dachte, ihr seid Japaner und einer von euch übersetzt mir das hier!«

Also doch! Linhs Herz pochte bis zum Hals. Es ging um eine Übersetzung. Der brüllende Mann wird damit kaum eine Bedienungsanleitung eines Fitness-Gerätes gemeint haben. Sondern ...

»Kann ich helfen?«

Linh erschrak. Der alte Mann stand plötzlich vor ihr. Noch immer lächelte er freundlich. »Hast du Schwierigkeiten mit deinem Schuhband?«

Linh hatte gar nicht mehr daran gedacht, dass sie immer noch kniete und pro forma an ihrem Schuh herumfummelte.

»Oh«, stammelte sie. »Nein – geht schon – vielen Dank.«

»Wirklich?«, hakte der Mann nach.

Linh erhob sich und klopfte sich die Knie sauber. »Ja, ja, danke!«

Der Mann wandte sich ab und stellte sich zurück an den Tresen.

Was jetzt?, fragte sich Linh. Sie konnte schlecht einfach weiter hier im Foyer stehen bleiben. Außerdem hatte sie nun nicht mehr mitbekommen, wie der Streit der Männer ausgegangen war. Stattdes-

sen hörte sie die Stimme der Empfangsdame: »Er ist jetzt da. Soll ich ihn schon reinlassen?«

»Dumme Frage! Klar, und jetzt alle raus hier, alle, ich will euch Pfeifen hier nicht mehr sehen.«

Die Frau kam nach vorn ins Foyer. Linh suchte fieberhaft nach einer Ausrede, weshalb sie hier immer noch herumstand. Sie entdeckte die Anmeldeformulare auf dem Tresen und tat so, als ob sie darin las. Aber die Frau beachtete sie gar nicht.

»Bitte sehr!« Die Frau hakte sich bei dem alten Mann ein und führte ihn in den Hinterraum, aus dem ihnen mehrere Männer entgegenkamen. Nach Linhs Auffassung ausnahmslos Japaner.

Plötzlich standen sechs Männer im Foyer, in dem sich Linh jetzt am liebsten irgendwo verkrochen hätte. Aber noch immer hatte niemand ein Auge für sie. Dazu waren die Männer viel zu aufgebracht. Sie schimpften und keiften, was das Zeug hielt.

Leider verstand Linh kein einziges Wort. Aber sie hatte eine Idee.

»Verzeihung!« Sie tippte dem kleinsten und dünnsten Mann in die Seite.

»Was ist?«

Linh strahlte innerlich: Na also! Er spricht auch Deutsch!

»Wissen Sie, wo hier die Toilette ist?«

»Keine Ahnung«, wies der Japaner Linh barsch ab. Er wandte sich wieder seiner Gruppe zu und schimpfte: »Was denkt der denn, wer er ist? Nur, weil er dieses Buch hat?« Er schimpfte plötzlich auf Deutsch.

Linh feixte. Es hatte perfekt funktioniert! Sie kannte das von zu Hause. Dort sprachen sie in der Regel deutsch. Ein einziges vietnamesisches Wort genügte aber manchmal schon, dass plötzlich die ganze Familie auf Vietnamesisch weitersprach. Meistens merkten sie es nicht einmal.

»Dafür haben wir ihm nun geholfen, das Buch aufzutreiben«, sagte einer der Japaner gerade. »Aber das lasse ich mir nicht bieten!«

Die anderen stimmten ihm vorbehaltlos zu.

Linh spürte ihr Herz im Hals klopfen. Buch? Sie sprachen von dem Buch! Wie sie es sich gedacht hatte!

Die Japaner gingen Richtung Ausgang. Linh sah ihnen nach und überlegte, ob sie ihnen folgen sollte. Aber wozu? Das Buch, das sie suchte, lag vermutlich hier im Hinterzimmer.

Als die Japaner durch die gläserne Tür hinausstürmten, entdeckte sie auf der anderen Seite einen

Jungen, der seinen Hund am Papierkorb festband. Im selben Augenblick vibrierte ihr Handy in der Hosentasche. Eine SMS! Linh zuckte zusammen und zog das Handy heraus. Aus dem Augenwinkel beobachtete sie, wie der Junge mit den entgegenkommenden Männern sprach.

Sie schienen sich zu kennen, was Linh sehr seltsam vorkam. Denn der Junge war kein Japaner. Er war – Linh zuckte nochmals überrascht zusammen – es war Xaver! Xaver, der Grünheimer, der von Anfang an gegen Yamada Yuuto gelästert hatte. Hatte der nicht auch in Yuutos Vortrag gesessen? Was machte der denn hier? Und was hatte er mit den Japanern zu schaffen?

Jetzt hielt sie nichts mehr an ihrem Platz. Es war bestimmt besser, wenn Xaver sie nicht sehen würde. Sein Zusammentreffen mit den Japanern erschien ihr weder zufällig noch bedeutungslos. Sie musste sofort aus seinem Blickfeld verschwinden. Hastig schaute sie sich nach einem geeigneten Versteck um. Direkt neben der Tür zum Hinterraum war ein Vorhang, der vielleicht eine Abstellkammer oder so etwas verbarg. Linh hatte keine Zeit, lange zu überlegen. Schnell huschte sie dahinter und stieß dabei an einen Plastikeimer, in dem ein

Schrubber stand. Linh konnte ihn gerade noch festhalten, schob den Eimer mit einem Fuß beiseite, zwängte sich zwischen allerlei Gerümpel und hoffte, rechtzeitig aus Xavers Blickwinkel verschwunden zu sein.

Zwischen zwei mit Handtüchern vollgestopften Wäschekörben setzte sie sich auf eine Kiste, auf der groß »Fundsachen« geschrieben stand. An der Wand hing ein Sack, aus dem ein Netz herausbaumelte. Es sah genauso aus wie das, mit dem Yuuto gefangen worden war.

Endlich konnte sie in Ruhe nach der SMS sehen, die sie bekommen hatte. Auf dem hell leuchtenden Display las sie: *achtung! xaver! in deckung!*

Jabali hatte Xaver also auch schon entdeckt und wollte sie warnen. Irgendwie beruhigte Linh das Gefühl, dass Jabali draußen Wache schob. Linh zupfte den Vorhang einen Zentimeter beiseite und linste ins Foyer, durch das gerade Xaver stampfte. Er schimpfte vor sich hin und ging direkt auf die Tür in den hinteren Bereich zu. Schnell zog Linh ihren Kopf zurück und hielt vorsorglich die Luft an.

Doch Xaver hatte sie nicht entdeckt und verschwand im Hinterzimmer. Was hatte der mit diesem Klub zu tun?

Flink schrieb sie Jabali eine SMS zurück: *buch vielleicht hier. xaver auch. wieso? yuuto + die anderen rufen.*

Wutsch! Die Frau vom Empfang riss den Vorhang auf.

»Was machst du denn hier?« Sie stützte die Hände in die Hüften.

»Oh«, stammelte Linh. »Ich ... äh ... dachte ... Fundsachen.«

»Wie bitte?«

»Mein ... äh, ich wollte sagen, ich suche mein ... äh ...« Verflixt, ihr fiel so schnell nichts ein. »... meine Fahrradhandschuhe. Die müssen mir heruntergefallen sein. Ich dachte, die hätte vielleicht jemand abgegeben ...«

»Dann frag mich«, wies die Frau Linh scharf an. »Allein hast du hier nichts zu suchen. Klar?«

»Klar!«, versicherte Linh und atmete innerlich tief durch.

»Außerdem habe ich keine Handschuhe gesehen, als du kamst«, ergänzte die Frau und zog ihre Augenbrauen skeptisch zusammen.

»Wirklich nicht?«, stammelte Linh. Sie spürte, wie ihre Wangen schon wieder erröteten. »Seltsam, ich dachte ...«

»Schon gut«, beschwichtigte die Frau. »Nun komm erst mal da raus. Möchtest du einen Saft?«

»Gern!«

Die Frau wieselte hinter ihren Tresen. Eine gute Gelegenheit für Linh, die bereits geschriebene und an Jabali adressierte SMS unbemerkt abzusenden. Dann stellte sie sich an den Tresen, nahm das Glas Saft, das ihr die Frau reichte, und überlegte, was sie jetzt tun sollte. Jeden Moment konnte Xaver wieder aus dem Hinterraum herauskommen. Wenn er etwas mit der Sache zu tun hatte – und davon war Linh überzeugt –, dann würde ihm sofort klar sein, weshalb Linh hier war, und er würde sie auffliegen lassen.

Also musste sie erst einmal so schnell wie möglich von hier fort.

»Und?«, fragte die Frau. »Hat dir das Training gefallen?«

»Ja«, antwortete Linh, stürzte den Saft hinunter und entschuldigte sich eilig: »Ich muss jetzt leider nach Hause. Hausaufgaben machen.«

»Warte!«, rief die Frau. »Hast du ein Eintrittsformular mitgen...?«

Doch Linh stürzte schon aus der Tür.

Wieder an der frischen Luft, atmete sie wie be-

freit tief durch. Die Hallenluft beim Judotraining war auch nicht toll, aber die Klub-Luft hier kam der eines Pumakäfigs oder Affenhauses schon sehr nahe.

Im nächsten Moment klopfte ihr Jabali von hinten auf die Schulter.

»Und?«, fragte er. »Wie geht's jetzt weiter? Die anderen habe ich verständigt.«

»Wir warten«, schlug Linh vor. »Hast du die Gruppe Japaner gesehen, die vorhin herauskam?«

Jabali nickte. Über eine Stunde hatte er die Tür nicht aus dem Auge gelassen: Ihm war nichts entgangen.

»Sie waren wohl diejenigen, die das Buch besorgt haben«, vermutete Linh.

»Du meinst, das waren die Gauner, die Yuuto überfallen und gefesselt haben?«, staunte Jabali.

»Vermutlich ja«, antwortete Linh. »Nur übersetzen konnten sie es nicht. Deshalb bekamen sie Streit.«

»Mit wem?«, wollte Jabali wissen.

Aber genau das hatte Linh noch nicht herausbekommen. Sie wusste nur, im Sportklub befand sich jetzt ein sehr alter japanischer Mann, der das Buch offenbar übersetzen sollte.

»Und wenn er den Dialekt beherrscht, dann wird er das Buch wohl mit nach Hause nehmen«, kombinierte Linh. »Ein ganzes Buch zu übersetzen, das dauert ja seine Zeit.«

»Also heften wir uns an seine Fersen«, begriff Jabali, »und nehmen ihm bei erster Gelegenheit das Buch ab.«

»Genau«, stimmte Linh zu. Aber sie mussten auf der Hut sein. So ganz ohne Sicherheit und Schutz würden sie den alten Mann wohl kaum mit dem wertvollen Buch in der Tasche durch die Straßen ziehen lassen.

»Aber was macht Xaver bei denen?«, fragte sich jetzt auch Jabali. Eine Antwort hatten sie beide nicht parat.

Da öffnete sich die Tür des Sportklubs und der alte Japaner kam heraus.

»Wir dürfen ihn auf keinen Fall aus den Augen verlieren«, flüsterte Linh aufgeregt. »Wir müssen herausbekommen, wo er wohnt und ob er das Buch hat.«

»Wo wer wohnt?« Linh und Jabali drehten sich um und waren froh, Ilka und Yamada Yuuto zu sehen.

»Ihr kommt gerade recht«, freute sich Jabali. »Wo sind Michael und Lennart?«

»Sind die noch nicht hier?«, wunderte sich Ilka. »Michael wollte doch ohnehin kurz nach Linh in den Klub gehen.«

In dem Moment kamen die beiden auch schon um die Ecke.

»Wir haben keine Zeit mehr«, stellte Linh fest. »Kommen Sie, Herr Yuuto. Ich erkläre Ihnen alles auf dem Weg.«

Gerade wollte sie loslaufen, um gemeinsam mit dem Großmeister den alten Japaner zu verfolgen, als Jabali sie festhielt. »Und was machen wir?«

»Kümmert euch um Xaver und den Chef des Sportklubs«, rief Linh ihm zu. »Oder wer auch immer da aus dem Hinterzimmer herauskommt.«

Sechs gegen einen

Ebenso wie Linh dem Großmeister erläuterte Jabali den anderen drei, worum es ging. Er war gerade fertig, als Xaver aus dem Sportklub kam und verwundert auf vier der Fünf Asse blickte, die sich um ihn herum aufstellten.

Xavers Hund bellte wie verrückt, als Jabali näher kam, aber zum Glück war er noch angeleint. Auch Jabali erkannte den Hund wieder.

»Was wollt ihr von mir?«, fragte Xaver verunsichert. Er wusste, dass er den vieren körperlich unterlegen war. Weder fortzulaufen noch sich auf einen Kampf einzulassen, hatte Aussicht auf Erfolg.

»Du warst in dem alten Haus«, sagte Jabali ihm auf den Kopf zu. »Und sag jetzt nicht, du wüsstest nicht, von welchem Haus wir reden.« Er zeigte auf Xavers Hund. »Hunde sind nicht nur Beschützer, manchmal verraten sie einen auch.«

Xaver schaute abwechselnd auf Jabali und seinen

Hund. Er machte einen kleinen Schritt nach links in Richtung seines Hundes, doch sofort war Michael zur Stelle, sprang auf Xaver zu, packte ihn am Kragen und zog ihn zu sich heran.

»Keine Mätzchen! Wir haben dich was gefragt.«

Xaver versuchte, sich aus Michaels Klauen zu befreien. Vergeblich. Michael schüttelte ihn einmal kurz und kräftig durch.

»Also?«

»Mann, habt euch nicht so. Das war nur eine Gefälligkeit!«, redete sich Xaver heraus.

Sein Hund kläffte noch lauter. Ilka beugte sich zu ihm hinunter, streichelte ihn und schon verstummte er.

»Jetzt, wo dein Hund endlich sein Maul hält, könntest du deines vielleicht mal aufmachen«, blaffte Michael ihn an. »Also? Was für eine Gefälligkeit?«

»Und für wen?«, ergänzte Lennart, der sich nun bedrohlich nah hinter Xaver aufstellte.

Jabali wählte sich seine Position so, dass Xaver zwischen ihm und dem Hund stand.

»Ich sollte diesen Judo-Opa auf Schritt und Tritt verfolgen und berichten, wo er so hingeht und mit wem er Kontakt hat und so weiter.«

»Sieh mal einer an«, höhnte Michael. »Was wir da für einen Spitzel an der Angel haben.«

»Du hast den Großmeister für eine Gaunerbande ausspioniert?«, fragte Lennart in scharfem vorwurfsvollem Ton.

»Was heißt denn hier Gaunerbande?«, verteidigte sich Xaver. »Mann, das war eine Gefälligkeit für Hans Koslowski. Hab ich fünfzig Euro für bekommen. Das ist 'ne Menge Geld. Und es ging doch bloß um irgend so ein altes Scheiß-Buch.«

Michael war sprachlos.

»Fünfzig Euro?«, staunte Lennart.

»Von wegen Scheiß-Buch!«, zitierte Jabali. »Du hast echt keine Ahnung!«

Nur Ilka fragte: »Wer ist denn Hans Koslowski?«

Xaver zeigte mit einem Kopfnicken hinter sich zum Sportklub. »Na, der Besitzer!«

»Bingo!«, sagte Ilka. »Da haben wir ja alles, was wir wissen wollten.«

»Wieso denn?« Xaver verstand nur Bahnhof.

»Hast du die fünfzig Euro schon bekommen?«, wollte Lennart noch wissen.

»Ja«, gestand Xaver. »Fünfundzwanzig vorab. Und fünfundzwanzig jetzt eben, weil sie das Buch wohl gefunden haben. Könnt ihr mir mal sagen, worum es eigentlich geht?«

»Nö!«, entschied Michael und entließ Xaver, indem er ihn beiseitestieß.

Xaver band seinen Hund los und lief, so schnell er konnte, davon.

Ilka nahm ihr Handy und rief Linh an, um ihr die Neuigkeiten zu berichten. Doch Linh hatte ihr Handy auf lautlos gestellt und gerade überhaupt keine Zeit, das Telefonat entgegenzunehmen. Denn soeben hatte sie gemeinsam mit Yuuto den alten Japaner eingeholt.

Yuuto rief ihn. Der alte Japaner blieb stehen, drehte sich um und Yuuto sprach ihn auf Japanisch an. Plötzlich standen sechs weitere Japaner um sie herum – drei vor und drei hinter ihnen –, die alles andere als den Eindruck erweckten, ein nettes Gespräch unter alten japanischen Freunden führen zu wollen.

Linh verstand kein Japanisch, aber sie verstand eine Angriffshaltung im Karate. Und genau die hatten die sechs Japaner gerade eingenommen. Sie sahen so aus, als ob sie gleich die ersten drei tödlichen Griffe an Yamada Yuuto ausprobieren wollten.

Auch Yuuto verstand. Er brach das Gespräch mit dem alten Japaner ab, der sich ängstlich zurückzog. Offenbar war er kein Kämpfer, sondern nur ein Gelehrter alter Sprachen.

Yuuto machte zwei schnelle Handbewegungen und sein Mantel und Hemd fielen von ihm ab wie faules Obst vom Baum. Yuuto stand plötzlich mit nacktem Oberkörper mitten auf der Straße, bereit zum Kampf.

Linh schluckte. Natürlich war sie Schulmeisterin im Judo und natürlich wollte sie Yuuto zur Seite stehen. Aber das hier war alles andere als ein sportlicher Wettkampf. Das war nicht das, wozu sie den Judosport ausübte. Dies hier war genau das, was in dem Buch stand und aus Sicherheitsgründen und zur Rettung des Judosports auf ewig verbannt werden sollte. Dies hier war ein ernsthafter Kampf, vielleicht sogar auf Leben und Tod. Wusste Yuuto nicht nur von der Existenz des Buches? Kannte er auch den Inhalt? Beherrschte er die tödlichen Griffe, deren Geheimnis er wahren wollte? Und würde er jetzt, angesichts der Bedrohung, auch bereit sein, sie anzuwenden, obwohl es seiner Auffassung vom modernen Judo widersprach? Kurz schreckten sogar die sechs Japaner zurück. Sie wussten, wen sie vor sich hatten. Und sie wussten auch, welches Buch sie ihm abgenommen hatten. Sie schienen sich die gleichen Fragen zu stellen, die Linh soeben durch den Kopf geschossen waren. Doch dann besannen sie sich. Sie waren zu sechst! Sie machten sich ebenfalls ihre Oberkörper frei und waren bereit zum Angriff auf Yamada Yuuto.

»Sie nimmt nicht ab«, stellte Ilka besorgt fest. »Da ist etwas passiert!«

»Was soll denn passiert sein?«, fragte Jabali. »Yuuto ist bei ihr. Wenn der sich nicht wehren kann, dann weiß ich auch nicht.«

»Ach«, widersprach Ilka. »Und wen haben wir gefesselt in dem alten Haus gefunden?«

Jabali erschrak. Ilka hatte recht. Auch einem Großmeister konnte etwas zustoßen.

»Vielleicht hat sie ihr Handy nur nicht gehört?«, hoffte Lennart. »Helfen können wir ohnehin nicht, weil wir gar nicht wissen, wo die beiden sind.«

Ilka biss sich auf die Lippen. Es stimmte, was Lennart sagte. Trotzdem widerstrebte es ihr, einfach nichts zu unternehmen. Sie war sicher, wenn Linh ihr Handy nicht abnahm, war irgendetwas geschehen.

»Pst!«, machte Michael. »Da!«

Er zeigte auf den Ausgang des Sportklubs. Ein Quadratschädel trat vor die Tür, blieb stehen und zündete sich eine Zigarette an.

»Das ist der Besitzer«, flüsterte Michael.

»Woher willst du das wissen?«, wunderte sich Lennart. Leider hatten sie versäumt, Xaver zu fragen, wie Hans Koslowski aussah.

»Er trägt keine Sporttasche bei sich.« Michael zeigte noch mal auf den Mann. »Erklär mir mal, was so einer wie der in einem Sportklub macht, wenn er keine Sportsachen dabeihat.«

An Michaels Überlegung war etwas dran, fand Lennart. Fragend schaute er Ilka und Jabali an. Beide waren einverstanden. Auch auf das Risiko hin, sich zu täuschen, beschlossen sie, dem rauchenden Quadratschädel zu folgen, so wie Linh es ihnen aufgetragen hatte. Allerdings stieg der vermeintliche Hans Koslowski in ein Auto.

»Wie sollen wir den denn jetzt verfolgen?«, stöhnte Jabali. »Da komme nicht einmal ich hinterher.«

»Aber ich!«, behauptete Lennart und schwang sich auf sein Rennrad.

Als Koslowski in seinen Wagen einstieg, hatte

Lennart bereits seinen Helm festgezurrt, sein rechtes Hosenbein in den Kniestrumpf gestopft, damit die Hose sich nicht in der Kettenschaltung verfangen konnte, und war bereit für die Verfolgung.

»Ich halte euch auf dem Laufenden«, versprach er.

Michael ärgerte sich, dass er nicht mit dem Rad gekommen war. Jabali lief sowieso lieber. Aber auch Ilka schwang sich auf ihr Rad. Sie wusste, dass sie auf ihrem Mountainbike Lennarts Tempo nicht mithalten konnte. Aber sie hatte eine Idee: Lennart sollte versuchen, den Wagen nicht aus den Augen zu verlieren. Im Stadtverkehr mit den vielen Ampeln war das durchaus realistisch. Sie selbst würde von ihrem Bike aus Lennart im Blick behalten. Jabali konnte es schaffen, Ilka nicht aus den Augen zu verlieren, und am Schluss musste Michael zumindest Blickkontakt mit Jabali halten.

Hans Koslowski startete seinen Wagen und fuhr los. Sofort setzte sich die Karawane der vier Asse zur Verfolgung in Bewegung.

Yamada Yuuto wusste, wovon er sprach, wenn er vor den gefährlichen und tödlichen Griffen warnte. Denn er kannte sie nicht nur, er beherrschte sie auch! Das erfuhren die sechs japanischen Angreifer schneller, als ihnen lieb war. Besonders einer von ihnen. Denn Yuuto hatte sich gar nicht erst darauf eingelassen, gegen sechs ausgebildete Judo- und Karatekämpfer gleichzeitig anzutreten. Mit dem sicheren Blick einer mehr als fünfzigjährigen Kampferfahrung hatte Yuuto sofort den besten und bestimmenden Kämpfer der sechs ausgemacht, den Leitwolf sozusagen. Denn der hielt sich zunächst ein wenig zurück, um Yuutos Fähigkeiten im Kampf mit den anderen fünf zu studieren. Doch Yuuto tat ihm diesen Gefallen nicht. Dem Ersten, der ihm entgegenkam, täuschte er kurz einen Angriff vor, nutzte die Hundertstelsekunde, in der dieser sich in Abwehrstellung begab, um an ihm vorbeizuhuschen, den Zweiten mit einem blitzartigen Schulterwurf beiseitezuschaffen, und schon war der Weg frei zum Anführer.

Linh hatte trotz aller Aufmerksamkeit nicht gesehen, wie Yuuto es gemacht hatte. Sie wusste nur, bei keinem Training, in keinem Wettkampf – weder bei Olympischen Spielen noch bei Weltmeisterschaften – noch in irgendeinem Lehrbuch hatte sie diesen Griff je gesehen. Er musste aus dem geheimen Buch stammen. Im nächsten Atemzug jeden-

falls hatte Yuuto den Leitwolf mit einem Würgegriff zu fassen, der diesem sichtlich die Luft raubte. Er röchelte leise und schwer in Yuutos Arm, der sich wie ein Schraubstock um dessen Kehle gelegt hatte.

Es brauchte nicht viel Kenntnis der Kampfkunst, um zu erkennen, Yuuto musste nur ein wenig mehr zudrücken und das Ende seines Gegners wäre besiegelt.

Yuuto rief den anderen etwas zu, was wohl so viel hieß wie: »Verschwindet!«

Sein hilfloser Gegner unterstützte die Aufforderung durch eine schwache Handbewegung, zu der er noch fähig war, und die übrigen fünf Japaner rafften ihre Klamotten zusammen und machten sich aus dem Staub.

Yuuto wartete noch einen Moment, entließ dann seinen Gegner, der benommen zu Boden fiel, und fragte Linh: »Wo ist der Übersetzer?«

Linh ließ ihre Blicke in alle Richtungen schweifen. Verflixt! Vor lauter Aufregung hatte sie nicht darauf geachtet. Der alte Mann war verschwunden.

Das perfekte Versteck

Lennart atmete schwer. Er war völlig aus der Puste. Um den Wagen nicht aus den Augen zu verlieren, hatte er die letzten paar hundert Meter heftig in die Pedale treten müssen, denn der Weg führte steil bergauf, direkt vors Hotel. Und da Hans Koslowski wohl kaum in der Stadt, in der er einen Sportklub besaß, im Hotel wohnen würde, schienen sie auf der richtigen Spur zu sein. Vielleicht wollte Koslowski den alten Japaner in dessen Hotelzimmer aufsuchen? Zumindest war ihm auf den letzten Metern ein Taxi entgegengekommen. Das musste zwar nichts heißen, da vor Hotels ständig Taxis an- und abfuhren. Dennoch: zeitlich würde es passen.

Lennard lehnte sein Rad gegen einen Laternenpfahl und verbarg sich hinter einem Reisebus, der vor dem Hotel stand.

Koslowski fuhr vor dem Hotel auf der Suche nach einer Parkmöglichkeit hin und her. Das gab den anderen Assen genug Zeit nachzukommen. Kurz

nach Lennart hatte Ilka ihr Ziel erreicht. Sie schnaufte schwer, war aber glücklich, es geschafft zu haben.

»Möchte wissen, warum die Dinger Mountainbike heißen«, stöhnte sie. »Mit denen kann man alles fahren, aber keine Berge!«

Sie lehnte ihr Rad gegen Lennarts. Lennart erklärte ihr den aktuellen Stand.

Koslowski hatte jetzt am Ende des Parkplatzes unter einer alten Eiche eine Lücke gefunden, in die er sich mühsam hineinquetschte.

»Was ist mit Jabali und Michael?«, fragte Lennart.

Ilka wusste es nicht, da die ja hinter ihr kamen. Sie zog ihr Handy hervor und versuchte noch mal, Linh zu erreichen. Diesmal nahm Linh ab. Aufgeregt berichtete sie von Yuutos Kampf gegen sechs Japaner, aber auch davon, dass sie den Übersetzer verloren hatten.

Ilka freute sich, mit einer guten Nachricht aufwarten zu können, und erzählte ihrerseits, wo sie sich befanden und wen sie hier zu finden glaubten.

»Okay!«, sagte Linh ins Telefon. »Wir kommen sofort.«

Ilka legte auf.

In dem Moment hörte sie ein lautes Schnaufen und Glucksen. Hinter ihr stand Jabali, der gierig aus seiner Wasserflasche trank.

»Ich auch!«, bat Ilka.

Jabali setzte die Flasche augenblicklich ab und hielt sie Ilka hin, die zwei kleine Schlucke nahm und sie dann Lennart anbot, der ebenfalls ein wenig trank.

»Den Rest für unseren Supersportler im Formtief«, frotzelte Jabali grinsend und schaute sich nach Michael, dem Zehnkämpfer, um.

»Das dauert wohl noch«, glaubte Lennart, während er beobachtete, wie Koslowski in das Hotel hineinging.

»Wollen wir hinterher?«, fragte Lennart.

Doch Ilka war dafür, noch zu warten, bis Michael und vor allem auch Linh und der Großmeister kamen.

»Solange die im Hotel sitzen, laufen sie uns ja nicht weg«, fand sie.

Lennart lächelte sie an. »Gute Idee!«

»Hä?«, fragte Ilka.

»Bin gleich wieder da!«, versprach Lennart und schlich sich davon.

Zeitgleich mit Michael kehrte er zu Ilka und Jabali

zurück. Er hörte gerade, wie Michael jammerte: »O Mann, Langlauf ist echt nichts für mich!«

»Wieso Langlauf?«, wunderte sich Jabali. »Das war doch keine lange Strecke!«

Michael gab ihm einen freundschaftlichen Klaps auf den Hinterkopf. »Jabali, manchmal glaube ich, du besitzt die Gene einer Brieftaube. Zumindest hast du irgendwo die gleichen Luftsäcke versteckt.«

»Der Quadratschädel hat jedenfalls keine Luft mehr«, warf Lennart ein. »Zumindest nicht in seinen Autoreifen.«

»Was?«, brach es aus Ilka hervor. »Du hast …?«

Lennart nickte. »Eine schnelle Flucht mit dem Buch ist jetzt ausgeschlossen.«

Wieder fuhr ein Taxi vor. Die hintere rechte Tür sprang auf und Linh heraus. Suchend sah sie sich um.

»Pst! Hier!«, rief Ilka und winkte ihr zu. Sie und die anderen standen noch immer hinter dem Reisebus. Yuuto bezahlte beim Fahrer und folgte dann Linh. Lennart berichtete den beiden schnell, was sie beobachtet hatten. Yuuto nickte nur stumm, machte eine Handbewegung, dass die Kinder ihm folgen sollten, und eilte hinüber ins Hotel.

Der Portier machte zum Glück keine Schwierigkeiten, wunderte sich nur, weshalb der alte Japaner plötzlich so viel Besuch bekam.

Schon auf dem Flur, durch die geschlossene Tür hindurch, hörten sie Koslowski wutentbrannt herumbrüllen. Linh erkannte die Stimme sofort wieder. Die gleiche Stimme hatte im Hinterraum des Sportklubs mit den Japanern gestritten. Aber hier hörte sie noch mehr als nur Gebrüll. Es polterte in dem Zimmer, als ob jemand die Möbel durch die Gegend warf.

Yuuto zögerte keine Sekunde. Ohne anzuklopfen oder abzuwarten, trat er die Tür ein, stürmte ins Zimmer und sah, wie Koslowski den armen, alten Japaner an der Kehle gepackt hatte und ihn durchschüttelte.

»Ich habe dich bezahlt!«, brüllte Koslowski. »Und jetzt weigerst du dich zu übersetzen. Willst du mich verarschen?«

Mit einem Satz war Yuuto bei Koslowski, fasste ihn am Arm, warf ihn zu Boden und gab Linh ein Zeichen.

Linh verstand sofort, nahm Koslowskis Kopf in eine Beinschere, griff sich seinen rechten Arm und verdrehte ihn bis zum Anschlag. In dieser Haltung

war Koslowski unfähig, sich zu bewegen. Sobald er den Versuch unternahm, sich zu rühren, drückte Linh die Beinschere zu und drehte den Arm noch weiter in die Richtung, in die es ihm überhaupt nicht guttat.

Es war kurios, mit anzusehen, wie die kleine, zierliche Linh den großen, muskulösen Koslowski mühelos in Schach hielt.

Yuuto erkundigte sich nach dem Wohlbefinden des alten Japaners. Der übergab Yuuto erleichtert das geheimnisvolle Buch.

Jabali rannte hinunter zum Portier und bat ihn, die Polizei zu rufen.

Zwei Stunden später saßen die Fünf Asse friedlich in Yuutos Hotelzimmer zusammen. Yuuto hatte frisch gepressten Orangensaft spendiert, der auf dem Zimmer serviert wurde.

»Wieso hat der alte Japaner das Buch nicht übersetzt?«, wollte Michael wissen.

Yuuto lächelte, nahm das Buch zur Hand und sagte: »Ich übersetze dir den ersten Absatz:

Dieses Buch ist eine Sammlung der alten Kampftechniken, wie sie Jahrhunderte von Generation zu

Generation zum Zwecke der Selbstverteidigung überliefert wurden.
Doch die Zeiten änderten sich.
Aus der Notwendigkeit der Selbstverteidigung erwuchs das Bedürfnis zum Angriff.
Aus Kriegern wurden Gauner.
Aus alten Meistern verantwortungslose Schüler.
Dieses Buch soll die alten Lehren wahren, aber sie gleichzeitig davor bewahren, in falsche Hände zu geraten.
Deshalb ist es in der alten Sprache der Azuma-Krieger geschrieben.
Wer immer diese Sprache beherrscht, möge sich auch an die Weisheit der Alten erinnern und den Inhalt dieser Sammlung nur jenen zugänglich machen, die sich seiner würdig erweisen.

Der alte Übersetzer hat sich an dieses Vorwort gehalten und den – wie nennt ihr ihn?«

»Quadratschädel«, sangen die Fünf Asse im Chor.

»... den Quadratschädel nicht für würdig erachtet. Zum Glück!«

»Und was passiert jetzt mit Koslowski?«, fragte Linh.

Yuuto zuckte mit den Schultern. »Na ja, er bekommt wohl eine Anzeige wegen Körperverletzung an dem alten Japaner und mir. Dann noch eine wegen Freiheitsberaubung, Einbruch, Diebstahl. Ein bisschen was kommt da schon zusammen. Und vermutlich Entzug der Lizenz, Kampfsportarten trainieren zu dürfen. Denn um einen Kampfsport auszuüben, braucht man nicht nur Muskeln, sondern auch Köpfchen.«

Yamada Yuuto strich über den kostbaren Buchdeckel. »Ich werde ein neues Versteck für das Buch finden.«

»Warum vernichten Sie es nicht?«, fragte Michael. »Wenn es so gefährlich ist?«

»Man vernichtet keine Bücher!«, widersprach Linh.

Yuuto lächelte sie dankbar an. »Es ist ein Kulturgut«, erklärte er. »Ein kleines Stückchen Menschheitsgeschichte. Es ist das letzte Exemplar. Wenn ich es vernichte, sind jahrhundertealte Weisheiten für immer verschwunden.«

»Aber, wenn es doch gefährlich ist?«, hakte Michael nach.

»Dann ist es auch ein Beweis für die Friedfertigkeit des heutigen Judosports«, erklärte Yuuto.

»Dann müssen Sie es aber ganz, ganz toll verstecken, wo es niemals jemand sieht«, forderte Michael.

Yuuto zögerte einen Moment. Plötzlich überzog ein Lächeln sein Gesicht. »Ich habe mich entschieden. Ich werde das Gegenteil tun!«

»Hä?«, wunderte sich Michael.

Yuuto erklärte: »Ich werde es an einen Ort bringen, an dem jeder, der will, es sich jederzeit ansehen kann!«

»Aber ...«, wollte Michael sich empören.

Doch Yuuto legte seinen Zeigefinger auf den Mund. »Vertrau mir! Auf jeden Fall danke ich euch herzlich. Wer weiß, wie die Geschichte ohne euch ausgegangen wäre.«

Niemand sagt daraufhin etwas, aber Lennart zwinkerte Linh zu und Michael machte es ihm nach. Linh lächelte und beobachtete, wie Jabali Ilka zublinzelte.

Yamada Yuuto räusperte sich und reichte Linh die geschlossene Hand.

Erst wunderte sich Linh, dann erkannte sie, dass er ihr etwas geben wollte. Sie streckte ihm die geöffnete Hand entgegen.

Yuuto ließ eine Handvoll Sonnenblumenkerne in

ihre Hand rieseln. »Dein Strauß voller Sonnen hat mir Hoffnung gemacht, wenn ich ratlos war und meine Stimmung düster. Deshalb möchte ich dir einen neuen Strauß zurückgeben. Ein paar Samen nehme ich mit nach Japan. Wer weiß, vielleicht blühen dann im nächsten Sommer deine Riesenblumen in meinem Bonsaigarten.«

Ein paar Tage später las Linh in einer Internet-Nachricht, dass das japanische Nationalmuseum ein neues Ausstellungsstück erhalten habe: das einzige noch erhaltene Buch über die gefährlichen Kampftechniken der alten Jiu-Jitsu-Meister, gesichert in einer gepanzerten Glasvitrine, in der es jeder Besucher sehen, aber niemand lesen konnte.